COLLECTION

DE

DOCUMENTS INÉDITS

SUR L'HISTOIRE DE FRANCE,

PUBLIÉS

PAR ORDRE DU ROI

ET PAR LES SOINS

DU MINISTRE DE L'INSTRUCTION PUBLIQUE.

INSTRUCTIONS DU COMITÉ HISTORIQUE

DES ARTS ET MONUMENTS.

Paris. — Typ. LACRAMPE ET COMP., rue Damiette, 2.

COLLECTION

DE

DOCUMENTS INÉDITS

SUR L'HISTOIRE DE FRANCE,

PUBLIÉS

PAR ORDRE DU ROI

ET PAR LES SOINS

DU MINISTRE DE L'INSTRUCTION PUBLIQUE.

INSTRUCTIONS DU COMITÉ HISTORIQUE

DES ARTS ET MONUMENTS.

PARIS. — TYP. LACRAMPE ET COMP. RUE DAMIETTE. 2.

LE MINISTRE SECRÉTAIRE D'ÉTAT

AU DÉPARTEMENT DE L'INSTRUCTION PUBLIQUE

A MESSIEURS

LES CORRESPONDANTS DU MINISTÈRE DE L'INSTRUCTION PUBLIQUE

POUR LES TRAVAUX RELATIFS

A L'HISTOIRE DE FRANCE

Monsieur,

Je vous ai demandé il y a quelque temps de diriger vos recherches sur les documents inédits relatifs à l'histoire de la philosophie, des sciences et des lettres : il me reste maintenant à appeler votre attention sur un autre ordre de documents non moins importants, mais qui demandent des investigations d'un genre tout particulier.

Depuis les Gaulois jusqu'à nos jours des monuments de toute espèce ont couvert le sol de la France. Quelques-uns ont complétement disparu ; d'autres, encore en grand nombre, restent debout ou nous sont signalés par leurs ruines. Ces monuments, qui révèlent à l'artiste les variations successives de l'art et du goût, peuvent aussi fournir à l'historien d'utiles indications sur l'état politique, intellectuel, moral et industriel de chaque siècle. Tantôt c'est une inscription qui se déroule sur le bois, sur la pierre, sur le verre ou sur le métal : le monument alors fait l'office d'un manuscrit ; tantôt c'est la grandeur des constructions, le caractère du travail, la nature et le choix des emblèmes qui deviennent autant de révélations pour l'historien, et qui mettent en relief des faits que la lettre morte des documents écrits ne pourrait pas même laisser apercevoir.

Il n'y a pas encore longtemps qu'on a reconnu combien les études historiques doivent emprunter de secours à l'étude des monuments. Les hommes laborieux des deux derniers siècles, qui ont sauvé d'une destruction inévitable un si grand nombre de chartes et de pièces manuscrites en les faisant revivre par leurs patientes transcriptions, ont laissé se dégrader et s'écrouler sous leurs yeux cette innombrable variété de monuments que les siècles passés avaient entassés sur tous les points du royaume. Si des dessins et des descriptions fidèles nous en avaient reproduit les formes et les dimensions, si seulement un relevé exact nous en donnait le dénombrement, que de problèmes pourraient être résolus ! que de lumières sur des questions à jamais douteuses !

Il est trop tard pour réparer ce déplorable oubli ; mais plus nos regrets sont vifs, plus rigoureux est le devoir de ne pas mériter à notre tour les reproches des siècles à venir. Nos richesses monumentales, quoique décimées depuis cinquante ans, égalent encore en beauté et surpassent en variété celles de tous les autres pays de l'Europe. Notre premier soin, assurément, doit être de travailler à leur conservation, de les entourer de respect et de prolonger leur durée. Mais, quoi que nous fassions, ces pierres sont périssables, et le jour viendra où la postérité en cherchera vainement la poussière. Qu'il en reste au moins une image, un souvenir. Que partout où un monument existe aujourd'hui on sache à jamais qu'il a existé ; que ses proportions, sa figure, son importance, sa destination. soient religieusement conservées, et que les historiens futurs puissent en retrouver dans tous les temps une trace impérissable.

C'est pour accomplir cette œuvre difficile, ce travail tout nouveau, qu'on fait appel à la patience et aux efforts de MM. les correspondants. Il s'agit de dresser la carte monumentale de la France. Les 37,200 communes devront être visitées, explorées en tous sens. Il ne faut pas qu'il existe un seul monument, un seul fragment de ruine, à quelque siècle, à quelque civilisation qu'il appartienne, sans qu'il en soit fait mention, ne fût-ce que pour constater qu'il ne mérite pas qu'on l'étudie.

Sans l'assistance active et laborieuse de MM. les correspondants, un tel plan serait chimérique. N'oublions pas que chaque jour voit disparaître quelques-uns de ces monuments dont nous voulons perpétuer le souvenir. Ceux que les années épargnent encore, l'ignorance les mutile ou les profane. Il faut donc que cette vaste statistique, sous peine d'être impuissante, soit promptement terminée. C'est assez dire que, pour en recueillir les éléments, il est nécessaire que de toutes parts et en même temps on se mette à l'ouvrage.

Mais ici une difficulté se présente. Une œuvre confiée à tant de mains à la fois ne manquera-t-elle pas d'ensemble et d'unité? La science archéologique ne possède pas encore sa nomenclature. Que de disparates, que de contradictions et d'obscurités, si chacun décrit les monuments avec une phraséologie particulière, s'il juge de leur antiquité d'après des systèmes différents! Cette bigarrure nous jetterait dans un vague et dans une indécision qu'un travail scientifique doit éviter à tout prix. Aussi ai-je pensé qu'il était indispensable que le Comité institué pour présider à ce genre de travaux indiquât à MM. les correspondants, dans des instructions précises et techniques, le plan d'après lequel les recherches devront être entreprises, les expressions qui devront être consacrées à la description de telle ou telle partie des monuments, et, enfin, les signes caractéristiques qui serviront à les classer et à déterminer l'époque qui les a vu construire. Ce n'est qu'en se conformant à ces instructions et en les suivant littéralement qu'on évitera toute ambiguïté, et que nous pourrons donner à l'ensemble du travail cette unité qui seule peut en assurer le succès.

J'ai l'honneur de vous transmettre dès aujourd'hui la première partie des Instructions adoptées par le Comité, savoir : celles qui se rapportent aux monuments élevés en France avant l'établissement définitif du christianisme, soit par les Gaulois, soit par les Grecs et les Romains, et celles qui concernent les monuments chrétiens. M. Albert Lenoir a rédigé la partie de ces instructions qui est relative aux monuments religieux et civils des Gaulois, des Grecs, des Romains et des chrétiens, jusqu'au XIe siècle; M. P. Mérimée s'est chargé des voies et des camps; à M. Ch. Lenormant appartiennent les instructions sur les monuments meubles, armes, poteries, ustensiles et monnaies. Ultérieurement seront publiées les instructions relatives aux monuments chrétiens du XIe au XVIe siècle.

Je n'ai pas besoin de vous dire qu'indépendamment de cette division chronologique en deux grandes époques, païenne et chrétienne, nos monuments se subdivisent naturellement d'après leur destination. On peut les classer en religieux, civils et militaires. Cet ordre sera celui des instructions suivantes, et en outre elles distingueront encore, dans chacune de ces trois classes, deux sortes de monuments, les monuments fixes ou constructions adhérentes au sol, et les monuments meubles, afin de rendre moins confuse et plus accessible aux recherches cette multitude presque infinie d'objets.

Recevez, Monsieur, l'assurance de ma considération distinguée.

Le Ministre de l'Instruction publique.

INSTRUCTIONS
DU
COMITÉ HISTORIQUE DES ARTS ET MONUMENTS.

ARCHITECTURE ANTIQUE.

INTRODUCTION.

A très-peu d'exceptions près, les monuments gaulois portent tous le caractère religieux. Nous aurons à peine quelques mots à dire sur les vestiges de constructions militaires et d'habitations civiles que certaines provinces peuvent posséder encore, tandis que les monuments consacrés, soit à la Divinité, soit à la mémoire des morts, sont tellement nombreux, qu'ils méritent une étude sérieuse et toute particulière. Malheureusement, pour obtenir des notions exactes sur ces monuments, il nous manque une donnée première. Nous ignorons presque entièrement quelles étaient les croyances religieuses des premiers Gaulois : les monuments écrits ne nous l'apprennent pas, et les monuments figurés ne nous fournissent aucun renseignement, ne nous conduisent à aucune induction qui résolve le problème. Les *pierres* dites *druidiques* ne révèlent point un culte qu'on puisse définir : elles n'indiquent aucun attribut spécial de la Divinité. Il est presque impossible de ne pas leur reconnaître un caractère religieux, mais ce ne sont que de grossiers symboles de l'idée qui s'empare de tous les peuples à leur naissance, l'idée de la puissance créatrice de ce monde. Avant de comprendre Dieu, l'humanité l'adore : pour l'adorer, il lui faut une image, et cette image est nécessairement aussi informe que l'idée qu'elle représente est obscure. Il est donc probable que, lors même que nous pourrions ressusciter les cérémonies dont ces pierres druidiques furent sans aucun doute témoins, nous ne leur trouverions aucun sens précis, aucune signification déterminée : en un mot, nous n'avons rien de net, rien de clair à apprendre sur la religion des Gaulois, tant qu'ils demeurent indépendants, et que du fond de leurs forêts ils échappent à toute influence étrangère.

Mais un jour moins douteux nous éclaire dès que la civilisation grecque et romaine commence à prendre racine sur leur sol : alors l'image de la Divinité n'est plus quelque chose d'inerte, d'enveloppé, d'inintelligible ; elle se personnifie et revêt une foule de figures à la fois variées et caractéristiques. Dans cette multiplicité de dieux qui apparaissent tout à coup, et qui disputent aux blocs druidiques leurs adorateurs, tout n'appartient pas cependant à l'imitation et aux influences extérieures ; une forte empreinte nationale et indigène s'y fait toujours sentir. A l'exception de ce que nous appellerons la religion politique, religion imposée à la Gaule par ses vainqueurs, la nouvelle manière d'adorer la Divinité, quoique d'origine étrangère, n'en est pas moins toute gauloise. Partout, il est vrai, vous retrouvez le culte d'Auguste et de la Victoire. C'est là le mot d'ordre du conquérant, c'est une consigne officielle et partout semblable. Mais quant aux formes et aux dénominations purement religieuses appartenant au culte romain, vous ne les voyez se répandre qu'en subissant une foule de mutilations et de travestissements. Les cultes de Minerve, de Cérès, de Neptune, sont très-rares : il n'y a guère que cinq divinités qu'on rencontre assez généralement honorées dans toutes les parties de la Gaule : Hercule et Mercure, chacun avec des attributs particuliers et complétement gaulois ; Jupiter, tantôt purement celte quand il porte le *sagum* et le vase à boire de nos ancêtres, tantôt participant du Sérapis égyptien alors que le *modius* est placé sur sa tête ; Bacchus, qui paraît avoir été importé principalement par les Grecs, à en juger par les noms de *Dionysius*, *Éleuthérius*, qui lui sont presque toujours donnés ; et enfin la Déesse Mère introduite par les Phocéens, comme Diane éphésienne, renouvelée sous la forme phrygienne après l'établissement des Galates en Asie et par suite des rapports que ces peuplades émigrées conservèrent avec la mère-patrie. Cette Déesse Mère est tantôt l'Isis égyptienne, tantôt la Vénus grecque : elle semble composée des lambeaux de toutes sortes de croyances que les Gaulois, dans leurs courses aventureuses, avaient empruntées à des civilisations plus avancées que la leur.

Mais ces cultes d'emprunt, ces bigarrures exotiques ne pénétrèrent jamais bien avant dans les mœurs. Les vieilles superstitions domestiques avaient des racines plus profondes, et devaient être bien autrement vivaces. Pendant que de fragiles idoles se succédaient au gré de l'imagination capricieuse d'un peuple avide de nouveautés, on voyait se perpétuer ces adorations vagues, mystérieuses, indéterminées ; ces pratiques de théurgie naturelle, premiers instincts d'une société demi-sauvage, et qui, pendant si longtemps, avaient été son unique religion. Aussi, lorsque le christianisme s'en vint planter la croix sur le sol des Gaules, il eut bon marché de tous ces autels élevés par ordre des empereurs : il mit bientôt en poussière toutes ces images importées de l'Asie ou de Rome ; mais il lui fallut transiger avec les croyances indigènes. Ces puissances invisibles, ces femmes mystérieuses qui, sous le nom de fées, exerçaient un si merveilleux empire, continuèrent d'habiter leurs grottes et leurs forêts ; la vénération attachée aux montagnes, aux sources, aux rochers, se perpétua de siècle en siècle, et de nos jours on peut encore en retrouver des traces dont l'étude est pleine d'attraits, et qu'il importera de constater[1].

Ainsi trois époques bien distinctes dans la religion des Gaulois : d'abord une adoration des puissances mystérieuses de la nature, adoration qui s'adresse à des symboles dont il nous reste encore des vestiges, mais dont la véritable signification nous échappe ; ensuite, sous la domination étrangère, invasion du polythéisme grec et romain ; mais, pour se faire accepter, il faut que ce polythéisme se déguise, et qu'il laisse subsister à ses côtés les vieilles croyances nationales ; enfin, lorsque le christianisme a terrassé le polythéisme grec et romain, un reste de vie anime si fortement encore les superstitions primitives, que de nos jours, après tant de siècles, nous en apercevons les dernières lueurs.

Nous n'insisterons pas plus longtemps sur ces observations préliminaires, et nous passerons immédiatement à l'étude des monuments.

[1] On examinera les traditions qui prêtent des vertus miraculeuses aux sources et fontaines ; on indiquera aussi les clairières et carrefours des forêts habités par les *dames* ou fées, les excavations, les grottes, les pointes de rochers, les falaises, etc., que la superstition révère, et qui sont en général désignées par les noms de *châteaux du Diable*, *maisons de Gargantua*, *roches aux Fées*, *baumes des Dames*, etc.

PREMIÈRE ÉPOQUE. — INDÉPENDANCE GAULOISE.

PIERRES DITES DRUIDIQUES [1].

On trouve en France, comme dans tout le nord de l'Europe, un vaste système de monuments qui, sans offrir aucune des conditions de l'art, présentent cependant entre eux assez de similitude pour faire reconnaître qu'une même pensée présidait à leur exécution.

Ces monuments se composent en général de fragments de rochers, de pierres dont la forme est plus ou moins irrégulière, dont les dimensions sont plus ou moins grandes, tantôt isolées, tantôt disposées en groupes d'après des lois qui paraissent constantes.

Dans les contrées qui offrent des restes de ces monuments, les premières études doivent faire distinguer les masses élevées à main d'homme de celles que la nature s'est plu à isoler.

Lorsqu'on aura constaté par l'aspect du terrain que le transport et la pose de ces pierres ne peuvent être que le résultat des efforts de l'homme, la qualité de la roche, la distance du gisement qui en fournit la matière, la direction qui put être suivie après l'exploitation jusqu'au lieu où le monument fut consacré, présenteront des observations importantes à consigner.

On notera les dimensions des monolithes, en hauteur, largeur, épaisseur; leurs distances respectives, s'ils forment un groupe. Dans ce travail géométrique, on devra employer le mètre comme unité de mesure.

MONUMENTS RELIGIEUX.

MEN-HIR.

On désigne par le nom de *Men-hir* ou *Peulvan* les longues pierres debout et isolées qui se présentent fréquemment dans l'Ouest de la France. Les traces de rainures ou d'inscriptions, les intentions de sculpture et d'ornements qui pourraient s'y rencontrer doivent être levées avec soin.

[1] Ce premier cahier a été publié en mars 1839.

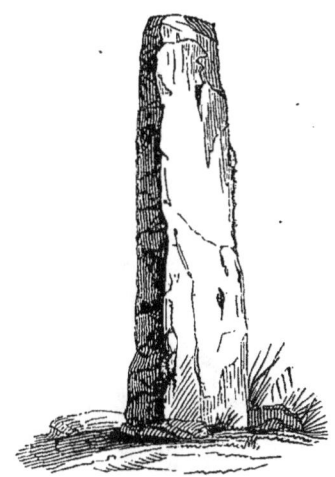 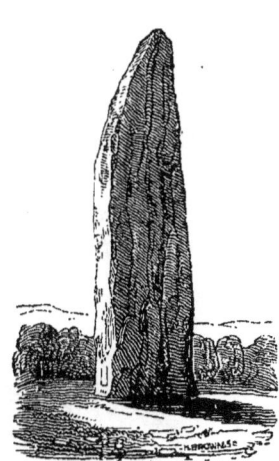

Men-hir en Bretagne [1]. Men-hir de Kerveatou (Finistère).

Les pierres druidiques sont rarement seules dans une même contrée ; les rapports qui existent entre ces pierres seront le sujet d'un plan mesuré si elles sont voisines, d'une triangulation si les distances qui les séparent ne permettent pas de juger d'abord leurs positions relatives. Des men-hirs, désignés sous le nom de *hautes Bornes*, paraissent situés sur les frontières des nombreuses provinces qui formaient la Gaule : ces monuments peuvent guider dans l'étude des divisions positives de la topographie antérieure à la conquête romaine.

Des pierres debout, alignées comme des arbres, occupent une superficie considérable ; tel est l'aspect que présente le monument de Carnac : cette disposition est désignée par les noms d'*Alignement*, d'*Allées non couvertes*.

Des groupes de pierres alignées ou en cercle présentent à leur sommet des mor-

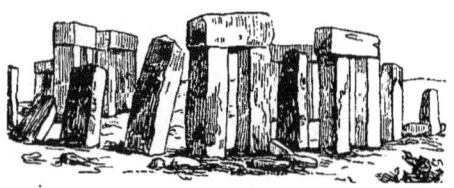

Stone-Henge (Angleterre).

[1] Les gravures sur bois qui servent d'exemples et d'illustrations aux divers *Cahiers d'Architecture* publiés par le *Comité des Arts et Monuments*, ont été choisies et dessinées par M. Albert Lenoir.

taises qui furent destinées à recevoir des architraves; les portes rustiques qui résultent de cette disposition se nomment *lichavens;* l'étendue des mortaises, leur disposition, la distance qui les sépare deux à deux, seront des sujets d'études mesurées et dessinées.

CROMLECH.

Les cercles de pierres, les combinaisons elliptiques ou en spirale formées par des roches peu élevées, semblent tenir à des idées astronomiques ; ces courbes, de quelque

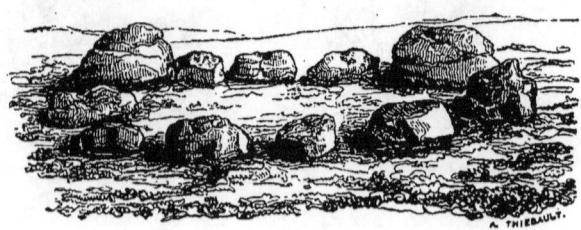

Cromlech.

nature qu'elles soient, doivent être levées géométriquement ; il importe de reconnaître le nombre des roches qui les composent. Leur ensemble est désigné par le nom de *Cromlech.*

PIERRES BRANLANTES.

Des masses placées en équilibre sur des bases solides peuvent recevoir un mouvement d'oscillation plus ou moins développé ; d'autres roches tournent sur un pivot ; nommées *Pierres branlantes, Pierres croulantes* et *tournantes,* elles seront examinées

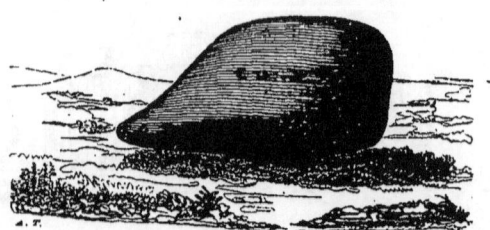

Pierre branlante dans les environs de Luxembourg.

et reproduites, les unes de manière à faire connaître le degré d'inclinaison qu'elles peuvent prendre relativement à l'horizon, les autres dans leur mouvement de rotation comparé à celui de la boussole. On cherchera leur centre de gravité et les moyens qui purent être employés dans la pose.

DOLMEN.

On nomme *Dolmen* une table de pierre formée d'une masse plate portée horizontalement par plusieurs roches verticales. On considère ces monuments comme des autels gaulois.

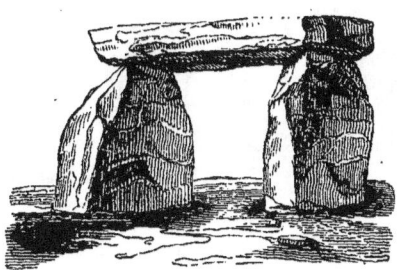

Dolmen simple.

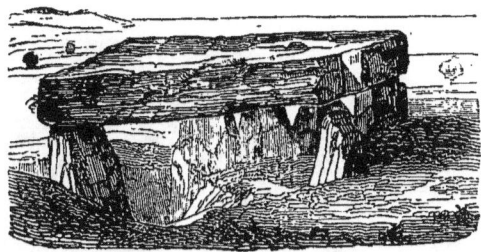

Dolmen de Loc-Mariaker.

Le *demi-Dolmen* est une pierre inclinée qui est soutenue par une de ses extrémités seulement, l'autre posant sur le sol. On examinera si le demi-dolmen ne serait pas le résultat d'accidents arrivés à un dolmen complet.

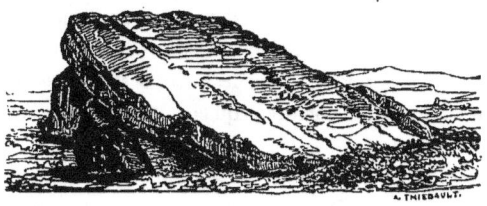

Demi-Dolmen.

La table des dolmens est quelquefois percée d'un ou de plusieurs trous; il est important d'étudier si toute la superficie de la pierre offre une pente ou des rainures dirigées vers les points perforés ou vers les extrémités. L'orientation du monument peut servir à fixer son origine et ne doit pas être négligée.

ALLÉES COUVERTES.

Le nom d'*Allées couvertes* est donné à de longues suites parallèles de pierres dressées et portant des masses placées horizontalement pour former un toit. On exa-

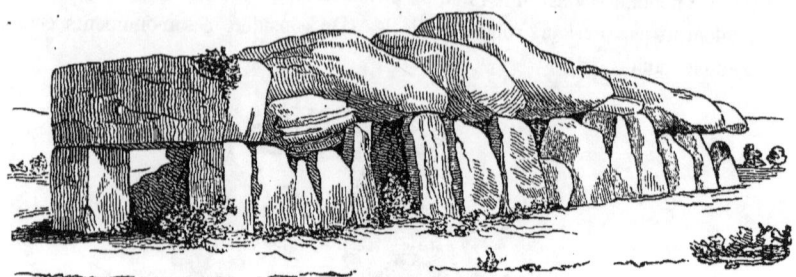

Allée couverte d'Essé (Ille-et-Vilaine).

minera avec soin ceux de ces monuments qui, par leur symétrie, par l'étude apportée dans la pose et l'ajustage des pierres, pourraient indiquer un progrès dans l'exécution, et faire entrevoir l'usage d'instruments tranchants.

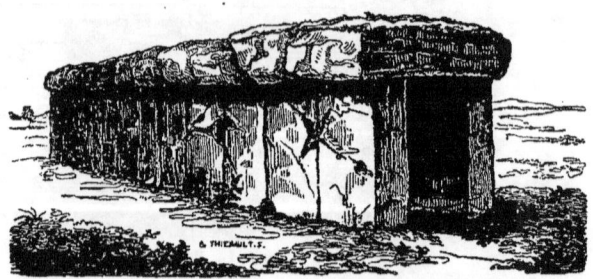

Allée couverte de Janzé (Ille-et-Vilaine).

Des pierres enchaînées deux à deux, des roches de formes singulières ou présentant un passage au milieu de leur masse, des blocs de matières précieuses [1] et de produits naturels fort rares dans une contrée, sont devenus des sujets de pèlerinages en raison des vertus que leur attribue la superstition. Abandonnées à elles-mêmes, loin des routes et de toute habitation, d'autres pierres conservent des traces d'usages inconnus ; elles seront toutes dessinées et accompagnées des traditions, alors que la moindre indication démontrera qu'elles ont été travaillées ou seulement transportées par les hommes.

On décrira scrupuleusement les terrains voisins des monuments druidiques, et, dans le cas où des fouilles y auraient été pratiquées, un procès-verbal évitera pour l'avenir de nouvelles et infructueuses recherches.

Les pierres consacrées par la tradition gauloise sont de nature à être exploitées de nos jours par l'industrie ; on s'efforcera de sauver de la destruction ces monuments historiques.

---

[1] Aérolithes et masses de métaux natifs.

MONUMENTS FUNÉRAIRES.

TUMULI, TOMBELLES ET BARROWS.

L'usage de décorer et de protéger les sépultures par des monticules ou tombeaux en terre fut presque universel dans l'antiquité. On trouve en France de nombreux

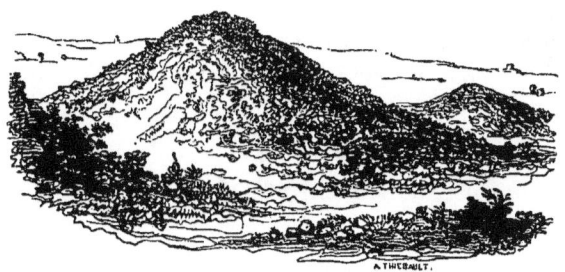

Tumuli.

exemples de ces tombeaux, qui paraissent avoir été élevés, soit par les Celtes, les Kimris et les Gaulois, soit après eux par les Romains, et enfin par les peuples du Nord.

Les dimensions de ces collines factices varient en raison du nombre d'individus qui y furent inhumés : leur forme est allongée à la base lorsqu'on a voulu en faire des sépultures communes, nommées depuis *ossuaires*; elle est arrondie quand l'inhumation est simple. Le squelette est placé sur le sol ; sous la tête se trouve assez généralement une arme ; une grosse pierre couvre la partie supérieure du corps; des ossements d'animaux l'entourent quelquefois. Ces sépultures doivent être fouillées en les coupant en croix par le milieu.

Une coupe indiquant le gisement des corps et leur position orientée, des mesures de diamètre et de hauteur, un plan de ces fouilles, et un procès-verbal, tels sont les travaux qu'exige chacun de ces *tumuli*.

Lorsque la tombelle, par sa grande étendue, peut être considérée comme un ossuaire, elle présente des dispositions intérieures de plusieurs natures : des chambres sépulcrales formées de pierres brutes, réunies comme des dolmens, renferment un ou plusieurs individus couchés ou assis; des couloirs conduisent à ces cryptes, et souvent une galerie commune est destinée au service de tous les caveaux.

Dans d'autres exemples, une chambre allongée, formée comme les galeries couvertes, réunit les corps qui reçurent une sépulture commune ; enfin, dans ces ossuaires, les constructions sont quelquefois en pierres cimentées : c'est alors qu'en étudiant les divers ustensiles trouvés dans la sépulture on peut décider si elle est gauloise ou romaine. Les fouilles de ces ossuaires demandent plus de soin que celles des tombeaux simples, afin de ne pas les détruire en les ouvrant. Si la colline factice est allongée, elle peut être entamée par une des extrémités, ordinairement soumises à l'orientation.

Dans les plans et coupes, tracés avec beaucoup de soin, le nombre et la forme des pierres brutes qui composent les cryptes sont des détails importants à indiquer.

Une couche d'argile était ordinairement placée dans les parties basses pour les préserver de l'humidité : les procès-verbaux doivent faire mention de cette circonstance.

Les tombelles sont quelquefois réunies en grand nombre ; elles forment alors des cimetières près des *oppida,* dans leur enceinte, ou sur un champ de bataille. Placées sur une même ligne, il est nécessaire d'en indiquer la direction orientée, ainsi que les hauteurs respectives.

Les tombelles funèbres, arrêtées à leur base par un cercle en pierres brutes ou appareillées, peuvent offrir d'utiles observations relatives à la construction. Les *galgals* sont formés de pierres amoncelées.

MONUMENTS MILITAIRES.

Les collines factices ne furent pas toutes destinées aux sépultures : on en voit qui sont tronquées par le haut, entourées d'un fossé, et qui peuvent être considérées comme des forts destinés à défendre un point important ; le nom de *Mottes* leur est assez généralement donné. Une coupe de terrain doit indiquer si des tranchées voisines ou des ravins naturels ne lient point ces forts à un système de défense plus étendu.

Dans les plaines sujettes à inondation, il peut arriver que des cônes en terre aient été élevés comme lieux de refuge.

Ces mottes sont à peu près les seuls vestiges de monuments militaires, à proprement parler, qu'on puisse faire remonter à l'époque de l'indépendance gauloise. Toutefois on trouve aussi dans quelques provinces de vastes enceintes, construites évidemment de main d'homme, et qui, trop irrégulières pour être des camps romains, sont, d'après toutes probabilités, l'enveloppe extérieure de ces *oppida* dans lesquels se réfugiaient les populations gauloises à l'approche de l'ennemi. Les archéologues ne s'accordent pas sur la question de savoir si, indépendamment de ces lieux de refuge, les Gaulois avaient des villes permanentes fortifiées, dans l'acception que nous donnons à ce mot. Quoi qu'il en soit, on recherchera, dans les masses mêmes des talus qui forment la clôture des *oppida,* si quelques traces de constructions militaires ne s'y seraient point conservées ; on y pourra trouver des renseignements utiles pour résoudre la question relative au mode d'appareil adopté par les Gaulois.

MONUMENTS CIVILS.

Les *oppida* ou enceintes fortifiées des Gaulois ne présentent probablement point à l'intérieur les dispositions d'alignements et de rues comme nos villes ; on n'y trouvait que les conditions d'un lieu de refuge, ou *castrum*. Les habitations qu'elles renfermaient ne furent donc que des demeures incommodes, dont on peut trouver le souvenir en examinant le sol de ces enceintes, en y faisant des fouilles dirigées avec soin. M. Féret a reconnu, dans la cité de Limes, auprès de Dieppe, des habitations composées de fosses circulaires qui probablement étaient recouvertes de branches d'arbres.

On trouve dans plusieurs parties du Berry, mais principalement dans l'arrondissement d'Issoudun, de vastes excavations en forme de cône tronqué renversé, dont la courbe est trop régulière pour ne pas avoir été faite à main d'homme. On les appelle dans le pays *Mardelles*, *Margelles*, ou simplement *Marges*, et la tradition leur assigne une haute antiquité. Elles sont placées d'une manière irrégulière dans les champs, quelquefois réunies en grand nombre dans un petit espace; mais toutes, sans exception, offrent ce caractère particulier, de ne laisser apercevoir dans les environs aucune trace du déblai auquel leur construction a dû donner lieu; et cependant le volume de ce déblai se monte, pour quelques-unes, à 11,000 mètres cubes. Leurs dimensions sont très-variables; il y en a de 150 mètres de large et de 6 à 8 mètres de profondeur; généralement elles sont moins grandes.

Jusqu'à présent on ignore l'usage auquel les mardelles ont pu servir. On les rencontre dans toute sorte de terrains, de façon qu'on ne peut les considérer comme produites par l'extraction de matériaux employés dans les constructions. Les paysans prétendent qu'elles servaient à mettre des troupes en embuscade; cette opinion n'est pas plus vraisemblable que celle qui tendrait à voir dans les mardelles de vastes silos. Il est du reste à remarquer que plusieurs d'entre elles sont l'objet de croyances superstitieuses.

Les mardelles ne sont pas seulement particulières au Berry; elles paraissent exister aussi en Écosse, et on les rencontre en assez grand nombre dans plusieurs cantons de la Normandie.

DEUXIÈME ÉPOQUE. — COLONISATION GRECQUE.

INTRODUCTION.

La colonisation grecque, répandue sur tout le littoral de la Méditerranée, occupa les côtes méridionales de la France : peut-être même doit-on reconnaître la présence antérieure des Phéniciens ou des Ligures dans quelques constructions et excavations situées vers les bouches du Rhône, et analogues à celles qu'on désigne abusivement sous le nom de constructions cyclopéennes.

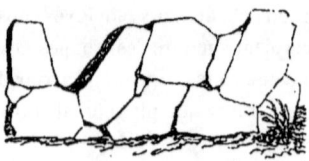

Construction cyclopéenne.

Dans les recherches relatives à ces faits importants, on considérera comme de nature à éclaircir la question toutes constructions qui portent le caractère de l'antiquité, quels que soient d'ailleurs les formes et l'appareil des pierres qui les composent. Des dessins exactement mesurés et donnant les contours des pierres sont indispensables à cette étude.

Marseille, Antibes, Agde et les autres colonies helléniques dont la désignation manque au texte de Scylax, doivent présenter encore des souvenirs de leur origine.

Marseille, centre de la colonisation, a été trop négligée jusqu'à ce jour sous le point de vue de ses relations avec le monde connu des anciens, et sous celui de son étendue, de ses monuments religieux et civils. Son acropole décrite par Strabon et César, l'enceinte de la ville, les envahissements de la mer, l'emplacement et l'étendue de l'ancien port, sont des sources d'investigation dont on comprendra toute l'importance.

MONUMENTS RELIGIEUX.

Dans la première période de la puissance hellénique, les temples, composés d'une étroite *cella* entourée de colonnes, présentent toujours les formes simples et sévères de l'ordre dorique ; les triglyphes et le chapiteau en forme de coupe surmontée d'un épais tailloir sont des caractères trop connus pour qu'il soit nécessaire de les développer ici.

L'église cathédrale de Marseille, située dans l'ancienne ville, peut fournir, ainsi que Saint-Sauveur et d'autres édifices religieux, quelques notions relatives aux temples célèbres de l'Acropolis et de la ville antique. C'est parmi les matériaux qui servirent à la construction de ces églises qu'on peut rencontrer quelques fragments grecs ; les fouilles exécutées dans les environs pour les particuliers seront suivies avec soin. Les anciens édifices extérieurs des autres villes de la côte déjà mentionnées plus haut, et qui purent appartenir à la colonisation grecque, seront de même l'objet d'investigations minutieuses de la part de MM. les correspondants.

Pendant la seconde période de l'art grec les ordres ionique et corinthien se développèrent, et les temples prirent un autre aspect : les chapiteaux se décorèrent de palmettes et de feuilles d'olivier ou d'acanthe finement découpées, creusées en biseaux et à vives arêtes. La légèreté du dessin, la représentation fidèle et délicate des productions de la nature, tels sont les caractères distinctifs de l'ornementation grecque de cette seconde époque. Dans les détails d'architecture, les profils des corniches et des architraves, des bases et de leurs supports, sont profondément refouillés et dessinés avec énergie.

Au bas de Vernègues, près de Pont-Royal, sur la route d'Orgon à Lambesc, se voient les restes d'un temple qui par ses proportions et ses détails, par le style de ses ornements, peut être considéré comme appartenant à l'art hellénique.

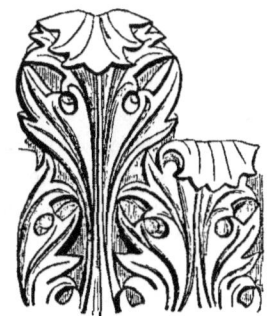

Fragment d'un des chapiteaux du temple de Vernègues.

Les autels des Grecs présentent les formes les plus variées ; des ornements d'architecture en décorent la base et le sommet. La sculpture y reproduit souvent les attributs des sacrifices ou des divinités auxquelles ils furent consacrés ; quelquefois la représentation de ces divinités elles-mêmes. Élevés dans les temples ou isolément dans les campagnes, ils offrent un égal intérêt ; MM. les correspondants signaleront toute découverte de cette nature ; des dessins seront joints aux descriptions, et feront connaître, s'il y a lieu, les constructions accessoires, telles que fondations et massifs de pierre qui auraient servi à consolider l'établissement de ces autels.

MONUMENTS FUNÉRAIRES.

Les tombeaux peuvent être classés au nombre des monuments religieux. Dans tous les lieux où les Grecs ont établi des colonies, ils ont laissé des témoins de leur respect pour les morts. Des stèles en marbre ou en pierre, des colonnes plus ou moins élevées, sont les monuments funèbres les plus communs en Grèce et sur le littoral de la Méditerranée.

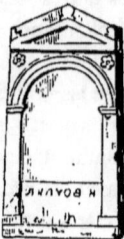 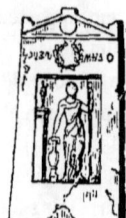

Stèles.

Un ouvrage, publié à Marseille en 1773, a fait connaître un grand nombre d'inscriptions grecques gravées sur des tombeaux. Elles n'ont pu disparaître entièrement du territoire marseillais; si de nouvelles recherches mettent sur les traces de ces stèles ou des monuments de même nature qui pourront sortir des fouilles postérieures, il est nécessaire de les faire réunir dans un musée : ces dispositions s'appliquent à toutes les villes de la colonisation grecque.

Il est à souhaiter que ces richesses ne passent point à l'étranger, ce qui est arrivé pour une statue de style grec ancien, peut-être celle de la Diane éphésienne adorée à Marseille, et que possède aujourd'hui la galerie Albani à Rome.

A défaut d'inscriptions grecques sur les stèles ou marbres d'une autre forme, on en reconnaîtra l'origine par la finesse des ornements, par des palmettes légères ou des rosaces gravées au sommet.

Palmettes grecques.

Le territoire marseillais conservait encore dans le siècle dernier quelques monuments funèbres qu'on attribuait aux Grecs; au hameau de la Pène était une pyramide dont on pourra retrouver quelques traces.

Enfin sur le sol de la Provence l'influence de l'art hellénique s'exerça sur les monuments funèbres de l'époque romaine. Le grand tombeau de saint Remy en serait une preuve suffisante; MM. les correspondants peuvent trouver dans cette transition une suite d'observations curieuses à consigner.

MONUMENTS CIVILS.

Les constructions civiles des Grecs présentent une grande variété de formes dont les éléments simples se trouvent dans leurs temples.

L'*agora* ou place publique, le *stoa* ou portique, la basilique, les propylées, étaient des édifices composés de galeries à colonnes dont l'espacement était subordonné à l'emploi du bois ou de la pierre, à l'étendue des architraves qui reliaient ces colonnes entre elles. Sans doute la France ne possède aucun de ces monuments grecs au-dessus du sol; mais les fouilles peuvent mettre au jour quelques soubassements d'édifices composés de pierres rapportées, ou, selon l'usage des Hellènes, taillées dans la roche vive. Il est donc nécessaire d'en signaler les dispositions principales. Établies ordinairement avec de larges pierres, ces substructions portaient l'aire du monument, et de nombreuses marches profilées à l'entour donnaient de toute part un accès facile. Les détails d'architecture ainsi que ceux des temples pourront présenter le style dorique décoré de triglyphes; des traces de coloration y seront minutieusement recherchées, non-seulement sur les parties planes, mais encore sur les moulures courbes et dans les refouillements; des terres cuites peintes y étaient souvent appliquées.

Terres cuites coloriées.

Pour ce qui concerne la sculpture d'ornement dont furent décorées les faces intérieures ou extérieures des édifices grecs, nous avons donné à l'article qui concerne les *Monuments religieux* les renseignements dont MM. les correspondants pourront faire usage.

Les côtes méridionales de la France, par la nature des rochers qui les composent, offrirent aux Grecs les moyens de creuser facilement des ports, d'établir des môles selon l'usage consacré dans leur patrie; ces colons actifs et intelligents aidèrent par l'industrie aux dispositions que fournissaient les localités. On examinera sur les côtes tout ce qui pourrait indiquer leur présence.

Les maisons grecques servirent de modèles à celles des Romains; nous traiterons avec détails, dans un article intitulé *Monuments civils*, cette partie importante de l'art antique en France.

MONUMENTS MILITAIRES.

Les Grecs ont connu l'art de protéger par de fortes murailles leurs villes et les citadelles qui les dominaient. Durant la première période hellénique les constructions militaires furent composées de pierres irrégulières, et communément désignées sous le nom de *murs cyclopéens*; alors quelques tours pesantes s'élevèrent en saillie sur les courtines : l'irrégularité de l'ouvrage indique clairement l'état encore primitif de la civilisation. Nous avons déjà signalé plus haut (voyez un exemple de *construction dite cyclopéenne*, page 15) ce mode de bâtir et la nécessité d'en dessiner avec soin une à une toutes les pierres, afin de déterminer d'une manière précise le caractère de la construction.

La Grèce, en se plaçant dans une voie de progrès, améliora son système de défense : les pierres furent taillées à l'équerre et prirent des formes régulières ; mais, par une combinaison sagement entendue, on évita de réduire leurs dimensions en abattant les angles qu'elles présentaient en sortant de la carrière ; il n'est donc pas rare de rencontrer des assises équarries sur leurs lits, mais dont les extrémités se joignent par des lignes inclinées, courbes ou anguleuses, comme on le pratique de nos jours dans les gros libages de fondation. Enfin un troisième système de construction militaire se présente chez les Grecs ; les pierres y sont parfaitement régulières et bien dressées sur toutes les faces. C'est ainsi que furent construites les longues murailles d'Athènes et l'enceinte de Messène. Des tours rondes ou carrées s'élèvent à des distances calculées sur la portée du trait.

Quant à la forme des clôtures de ville, elle fut subordonnée à la nature du sol. On suivit le contour des collines, on s'éleva jusqu'à leur crête, s'appuyant sur des roches escarpées, ou se protégeant par un *agger* et des fossés profonds.

L'Étrurie, dont les relations avec la Grèce furent pour ainsi dire continues, put avoir, en raison du voisinage, quelque influence sur les colonies méridionales des Gaules. Les villes de cette partie de l'Italie présentent un fait curieux, relatif à la poliorcétique antérieure à celle des Romains. On y reconnaît que les Étrusques n'ignoraient pas l'art de prendre des angles pour défendre un point important de l'enceinte d'une ville. Tous ces faits sont signalés à MM. les correspondants pour attirer leur attention sur les murs militaires qui pourraient être attribués à la colonisation grecque dans les contrées méridionales de la France.

TROISIÈME ÉPOQUE. — CONQUÊTE ROMAINE.

INTRODUCTION.

L'histoire de l'art présente une troisième et brillante période, déterminée par l'arrivée de César sur le sol des Gaules. Les Romains y apportèrent une civilisation qui changea la face de toutes les productions antérieures.

De toutes parts des camps s'établirent pour étendre et conserver la conquête; des silos, des magasins militaires furent placés sous leur protection, et les premiers autels des divinités romaines s'élevèrent devant les tentes consulaires. Les alliances avec plus d'une république gauloise commencèrent les mélanges de religion et de mœurs signalés au début de ces Instructions, et l'art italique, prêtant son secours aux druides, interpréta leurs idées religieuses et les traduisit sur des monuments durables. Les soldats romains, exercés dans l'art de bâtir et dirigés par d'habiles artistes, en imposant aux Gaulois la théogonie, les lois, les usages de l'Italie, les dotèrent de nombreux édifices analogues à ceux de la métropole, et toutes les constructions de la Gaule furent soumises au niveau d'une même équerre, à la liaison d'un même ciment.

C'est particulièrement au début de ces importations étrangères que l'art peut être qualifié de *gallo-romain*, par la liaison intime qui s'établit alors dans les productions des deux peuples; c'est donc à cette époque que MM. les correspondants pourront attribuer en général les monuments de sculpture offrant des divinités étrangères à Rome, des costumes, des usages du peuple soumis. On y pourra rencontrer des représentations de druides, des noms gaulois écrits en caractères romains, mais faciles à reconnaître aux racines et aux terminaisons barbares; des emblèmes, des nombres mystérieux, des branches de gui ou de chêne, des instruments sacrés ou d'un usage inconnu. On aura soin de recueillir tous ces renseignements précieux ainsi que tout ce qui pourrait mettre sur les traces de la religion des druides, des divinités locales, enfin de tout ce que le ciseau italique a pu conserver de souvenirs gaulois.

Une importation qui doit dater de cette première époque de la domination romaine, et dans laquelle on trouvera de nombreux éléments d'étude, c'est la fabrication des terres cuites. On examinera les puits d'exploitation, les fours à cuire, les dimensions et les formes données aux briques et aux tuiles, qui, selon Vitruve, furent établies sur des mesures gauloises.

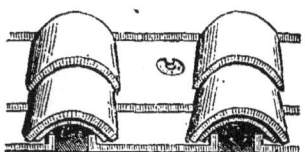

Tuiles romaines.

Des marques de fabriques ou de localités pourront s'y rencontrer. On fera les mêmes applications aux poteries et aux vases de toute nature, ainsi qu'aux antefixes placées devant les toits.

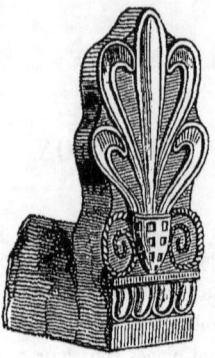

Antefixes.

Il sera utile de suivre l'exploitation des pierres, des marbres, des granits, tant pour les édifices à construire sur le sol, que pour l'exportation en Italie. Les Gaulois furent employés à ces travaux, et les carrières pourraient fournir des notions relatives aux moyens mis en œuvre pour détacher les masses, ainsi qu'aux instruments en usage dans ce genre d'exploitation.

Quant à l'architecture de cette époque de transition, elle doit être complétement dans le style romain, puisque tout porte à croire que les Gaulois n'avaient point d'art établi sur des règles; quelques usages indigènes conservés dans les édifices élevés par les nouveaux constructeurs pourraient donc seuls faire reconnaître les monuments contemporains de la conquête. On peut attribuer à l'époque de la première occupation militaire des Gaules les magasins souterrains et les *silos* dans lesquels les Romains renfermèrent des provisions de guerre. On doit indiquer les coupes de ces silos, les moyens d'y puiser, de les clore, et même de les défendre des surprises de l'ennemi.

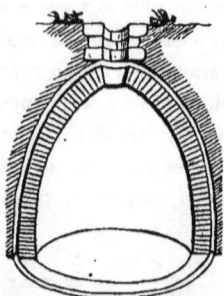

Coupe d'un silo auprès d'Amboise.

Maîtres enfin de nos riches provinces, les vainqueurs pensèrent à s'y établir d'une manière durable. Les villes qu'ils fondèrent dans les Gaules se distinguent des établissements antérieurs à la conquête par l'heureux choix des localités, et par la réunion de tout ce qui pouvait contribuer à la prospérité d'une colonie.

Un lieu élevé, dominant toute la surface que devait occuper la ville, était consacré à la citadelle et renfermait les temples des grandes divinités. Cette première disposition reconnue, on examinera si les citadelles ou acropoles romaines ont conservé des restes de murailles militaires et de contre-forts destinés à soutenir les terrains et les rochers ; on étudiera les chemins ou escaliers favorables à l'arrivée des troupes, au transport des machines de guerre, enfin aux pompes religieuses que les solennités conduisaient aux temples. On cherchera sur ces points culminants les traces qui pourraient indiquer la forme et l'étendue des remparts, ainsi que les dimensions des temples des divinités protectrices de la cité. Lorsque les citadelles furent établies postérieurement, elles étaient situées en dehors de l'enceinte. Un plan topographique des localités, dessiné sur une grande échelle, doit servir de base aux opérations qu'on se propose de faire sur une ville antique. Les découvertes successives, tracées exactement aux lieux où elles seront faites, établiront de la clarté dans le travail.

MONUMENTS RELIGIEUX, TEMPLES, ETC.

L'intérieur d'une ville romaine, divisée en quartiers ou régions, contenait un *forum* ou place publique, un marché, des carrefours : c'est sur ces points importants qu'étaient placés les temples des divinités, souvent remplacés par des églises. On cherchera les souvenirs de ces édifices dans les légendes sacrées et dans les traditions. Près des marchés étaient les autels de Mercure, d'Isis, de Sérapis ; ceux d'Apollon et de Bacchus avoisinaient le théâtre ; Hercule avait ses temples auprès de l'amphithéâtre et du cirque.

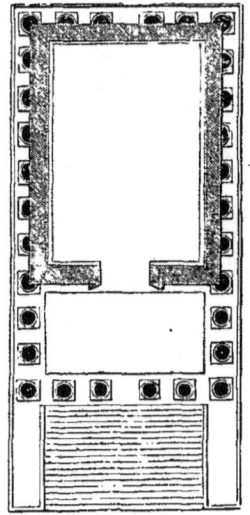

Plan du temple dit *Maison Carrée*, à Nîmes.

La position d'un temple une fois reconnue par les traditions ou les monuments littéraires, on devra en chercher les traces positives dans les substructions de l'église ou des édifices d'une autre espèce élevés au même lieu. Toutes les attaches ou ruines qui dans les environs pourraient se lier au monument principal ou à l'enceinte sacrée qui l'entourait, seront relevées avec soin dans leurs directions relatives, et placées sur un plan mesuré et orienté. Ce qui regarde les temples s'applique de même à tout autre édifice antique, de quelque nature qu'il soit.

Lorsque les restes du temple paraîtront au-dessus du sol, un dessin géométral donnera l'état présent des ruines en les dégageant des constructions modernes qui pourraient y être enclavées. Les moulures ou membres d'architecture seront levés avec précision et dans le galbe exact de l'original, la partie la plus intacte étant choisie pour cette opération ; une lame de plomb appliquée sur la pierre peut en donner les courbes exactes, pour les reporter sur le papier. On obtient le même résultat et directement en traçant le profil sur un papier passé dans le joint de deux pierres, si les moulures y sont bien conservées.

Les membres d'architecture trop grands pour subir cette opération seront cotés avec soin et relevés à l'équerre et au fil à plomb.

Les détails ornés, tels que chapiteaux, frises, décorations de toute espèce, seront dessinés de manière à reproduire exactement le caractère de la sculpture. C'est de la sévérité de ces dessins et de l'exactitude à rendre les formes que dépend l'assignation de l'âge du monument dont on donnera la réduction.

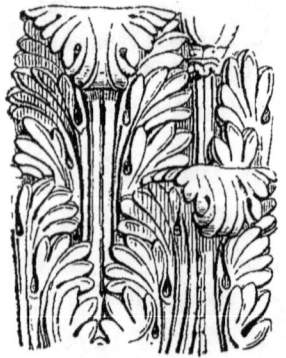
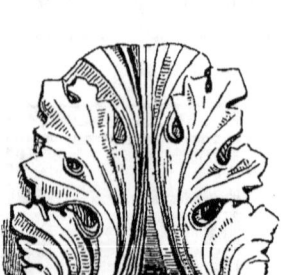
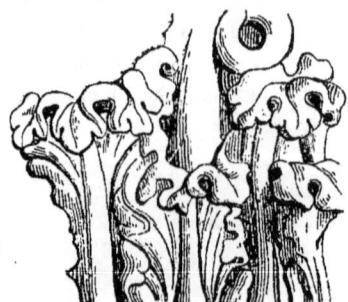

Feuille d'olivier. (Panthéon à Rome.)   Feuille d'acanthe. (Bains à Nîmes.)   Feuille frisée. (Tombeau à Saint-Remy.)

L'architecture gallo-romaine offrira, dans les ornements et dans les profils de moulures, une richesse d'invention, une variété de formes, qui pourra faire distinguer les compositions dans lesquelles se manifestait le génie inventif des Gaulois. L'exécution de ces détails d'architecture est assez grossière dans les régions septentrionales ; on y reconnaît l'usage du trépan pour obtenir les effets d'ombre et de lumière.

Ces fragments précieux ne peuvent être étudiés avec fruit s'ils ne sont mesurés avec tous leurs détails, dessinés géométralement et dans leur état brut. Les profils et un plan indiquant la décoration des plafonds, des sculptures placées sous les modillons et larmiers, sont encore des travaux indispensables pour expliquer complétement l'ensemble de ces monuments. On peut recommander l'emploi de la *chambre claire* pour en dessiner les ornements avec vérité, et, s'ils sont peu saillants, un estampage en papier offre une reproduction encore plus fidèle.

Cette opération consiste à appliquer, sur la sculpture de peu de relief, un papier sans colle et légèrement mouillé, comme on l'emploie dans l'imprimerie, et à y faire paraître les formes les plus délicates et même le grain de la pierre, en appuyant d'abord avec un linge, puis avec une brosse.

Les procès-verbaux de recherches mentionneront les divers marbres, schistes et autres matériaux employés dans les édifices; leurs qualités, le pays où ils furent exploités; s'ils sont exotiques ou produits par le sol.

Le plan général de la ville antique recevra l'indication des fouilles successives dont on a conservé le souvenir; les fragments placés dans les musées ou dans quelque autre dépôt municipal seront, autant que possible, rattachés à la fouille dont chacun d'eux est sorti. Une classification par numéros peut suffire à cette opération.

Indépendamment du plan des édifices dont les murs sont encore debout, on dessinera géométralement les mosaïques et pavés indiquant l'étendue des monuments qui ne s'élèvent plus au-dessus du sol.

Dans les fouilles de ces édifices, le plus petit fragment d'architecture, une feuille de chapiteau, une moulure ornée, un détail, quelque peu important qu'il paraisse, doit devenir une source d'observations utiles; on ne peut oublier qu'en sauvant ces fragments on contribue à former une suite de faits, qui tôt ou tard trouvent leur place dans la vaste collection des connaissances archéologiques.

Ce qu'on a dit précédemment des *autels* des Grecs peut s'appliquer à ceux des Romains : diversité dans les formes, décoration d'architecture et de sculpture, emblèmes de sacrifices et de victimes; jusque-là complète analogie; mais une exécution peu soignée, des profils de moulures plus composés et d'un galbe moins pur, la sculpture d'un dessin moins noble, caractérisent les autels élevés sous la domination romaine et les font différer de ceux des Grecs.

Les inscriptions suffiront pour faire distinguer les autels votifs, lorsqu'ils seront privés d'ornementation et qu'ils n'offriront rien de plus que des cubes de pierre ou de marbre, comme on en voit souvent de consacrés aux nymphes ou à quelques divinités locales du second ordre.

Certaines cérémonies romaines ont donné naissance à des monuments sacrés inconnus aux Grecs; dans les *tauroboles* on éleva des autels d'une forme particulière : une table percée d'un grand nombre d'ouvertures recevait la victime; sous cet autel s'administrait le baptême de sang. La France possède un de ces monuments de superstition; les nouvelles découvertes dans ce genre seront étudiées et dessinées par MM. les correspondants.

Enfin nous signalerons une dernière classe de monuments religieux, les bornes Termes ou *Hermès*, qui servaient de limites entre les provinces ou les propriétés particulières, et qui, répandues dans les campagnes, recevaient à certaines époques de l'année les vœux des cultivateurs.

MONUMENTS MILITAIRES.

ENCEINTES.

L'enceinte primitive de Rome avait enveloppé le Palatin dans une forme carrée : un grand nombre de cités romaines présentent cette disposition, particulièrement sur les pays de plaines. Les murailles, protégées à leur base par un fossé et un *agger*, étaient construites de plusieurs manières. On désignera la façon de ces murailles; des dessins géométraux indiqueront si elles sont fabriquées en grandes assises réglées, en moellons smillés, ou par encaissement.

Les grandes assises peuvent être établies en liaison comme on pose les briques; c'est l'*insertum* des Romains. L'*opus insertum* est formé de pierres irrégulières.

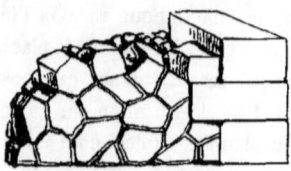

Fragment d'*Opus insertum*.

Dans la structure des Grecs et les constructions de la République romaine, une pierre en boutisse, dont l'extrémité seule était apparente, se plaçait entre deux pierres offrant toute leur longueur.

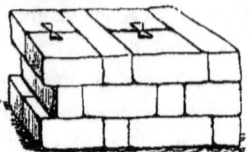

Structure grecque et de la République.

On nomme *revinctum* ou construction cramponnée, celle dont les pierres formant les deux parois du mur sont liées avec des crampons. Le nom de *maceria* se donne à la construction composée de blocs de pierre placés à sec sans liaison de mortier. La base des murailles est souvent établie de la sorte.

Les moellons smillés (*similes*) peuvent être taillés en losanges et figurer une maille ou réseau : cette structure est appelée *opus reticulatum*.

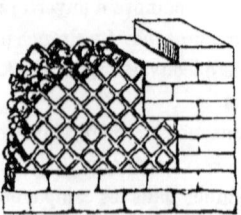

Fragment d'*Opus reticulatum*.

Le nom d'*isodomum* était donné aux constructions de moellons placés à plat, mais égaux en hauteur; le *pseudisodomum* était composé d'assises de moellons inégaux.

L'*emplecton* forme un encaissement de moellons reliés par des assises de briques. En France, la décoration de terres cuites mêlées aux constructions est très-variée.

Des losanges et autres figures géométriques se reproduisent à plusieurs hauteurs dans les murailles ; c'est vers le Bas-Empire qu'elles se multiplient et prennent toutes les formes.

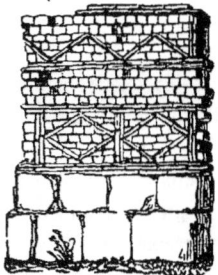

Fragment d'*Emplecton* et de *Maceria*.

Dans les contrées maritimes et auprès des fleuves qui roulent des galets, les Romains ont fait usage de ces cailloux ; et, les inclinant les uns sur les autres en forme d'épi ou d'arête de poisson, en ont formé un ouvrage qu'on nomme *opus spicatum*.

PORTES.

Les portes situées au milieu des grandes faces des murailles de ville étaient en général protégées par des tours crénelées ; le chemin de ronde arrivait aux portes de la ville dans une petite enceinte formant double défense sur ce point. La porte de ville offrait ordinairement deux voies consacrées, l'une à l'entrée, l'autre à la sortie des chars ; les murs de Nîmes et d'Autun ont en outre des ouvertures pour les piétons. Ces dispositions curieuses, ainsi que les moyens de clôture, le mouvement des herses, le biais des murs pour le jet du trait, seront indiquées aux plans, coupes et façades des portes. Tous les vestiges de scellement de ferrure, de trous voisins des entrées, qui pourraient expliquer l'arrangement des barricades, ou palissades établies en cas de siège, seront mesurés avec soin et placés dans les dessins géométraux.

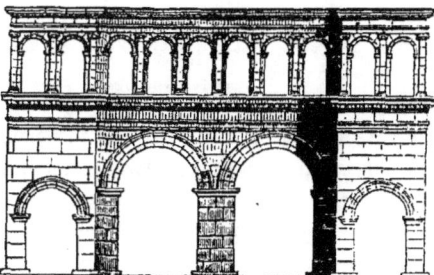

Porte de la ville d'Autun.

Le chemin de garde passant sur la muraille était orné au-dessus des portes par des arcades à jour ou toute autre décoration. On examinera dans ces arcades si des appuis permettaient de combattre comme dans les parties de la muraille où étaient établis des créneaux.

VOIES ANTIQUES.

Les caractères principaux des voies romaines connues en France sont :
Leur peu de largeur : elles dépassent rarement six ou sept mètres ;
Leur forme bombée ;
Leur direction presque toujours en ligne droite ;
Leur situation sur les plateaux ou à mi-côte des hauteurs ;
La profondeur de l'empierrement divisé en plusieurs couches distinctes de matériaux : on en compte quelquefois jusqu'à quatre, chacune de plusieurs pieds d'épaisseur.

On peut ajouter, mais seulement comme un indice accessoire, auquel il ne faut pas attacher trop d'importance, l'emploi de terre glaise, ou de masses de terre cuite, ou enfin de briques ou de tuiles dans les couches inférieures.

La couche supérieure, *summa crusta*, se compose de cailloux ou de pierres de toutes dimensions, quelquefois taillées et présentant alors l'apparence du petit appareil des constructions romaines. Quelques voies antiques, surtout dans le Midi, sont au contraire pavées de pierres énormes taillées irrégulièrement, mais assemblées avec beaucoup de précision.

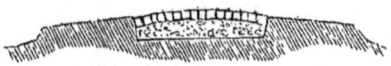
Coupe d'une voie romaine.

Ailleurs, lorsque les localités l'exigeaient, on a taillé les rochers au pic, de manière à former souvent des excavations très-considérables.

Dans les pays plats, beaucoup de voies antiques se distinguent par leur exhaussement au-dessus des plaines environnantes. Plusieurs offrent l'aspect d'une muraille épaisse élevée de plusieurs pieds au-dessus du sol.

Coupe d'une voie romaine.

Les caractères que nous venons d'énumérer ne sont point tellement constants et absolus, que lorsqu'ils se présentent on en doive toujours conclure l'existence d'une voie antique ; et par contre, les exceptions ou des caractères très-différents ne prouvent point toujours une origine moderne. Dans tous les cas, on devra tenir compte des circonstances locales, qui peuvent avoir beaucoup d'importance pour décider la question : par exemple, le voisinage d'une voie antique bien constatée ; celui d'un camp ou d'un grand établissement romain. On pourra s'aider encore, mais avec réserve, des témoignages historiques que nous ont conservés les géographes anciens.

En examinant une voie antique on devra noter :

Sa direction ;

Son étendue, ses lacunes, ses embranchements ;

La nature des matériaux et leur épaisseur.

On fera connaître si elle est encore en usage ou si elle l'a été anciennement, enfin si l'on y a fait des réparations plus ou moins modernes.

On recherchera si des bornes ont existé ou existent encore le long de ces chemins ou aux environs ; si l'on en a déplacé quelques-unes.

Il est important de copier les inscriptions de ces bornes, ou, mieux, de les estamper.

On examinera si les distances indiquées par ces inscriptions sont exprimées en milles romains ou en lieues gauloises. (Les premiers, de 1,000 pas ou 1/3 de lieue ; les secondes, de 1,500 pas ou 1/2 de lieue.)

Quelquefois on trouve sur le bord des voies romaines des pyramides ou des tours pleines (sans escaliers ni chambre intérieure), dont la destination est fort problématique. On décrira minutieusement ces constructions, et, s'il est possible, on en donnera des plans et des dessins. On recherchera également si, dans le voisinage de ces routes, il n'existe pas des tombeaux, des substructions de maisons, soit en groupes, soit isolées.

Autant que possible, on devra tenir note des noms modernes des hameaux, et même des fermes que traverse une voie antique : ces noms pourront quelquefois mettre sur la trace de nouvelles découvertes.

Les voies traversent les torrents et les fleuves sur des ponts antiques, qu'on étudiera dans tous leurs détails de construction et d'architecture.

CAMPS ET ENCEINTES ANTIQUES.

Il existe en France un grand nombre d'enceintes formées par un fossé et un amas de terre, ou bien par une muraille de pierres sèches. Leur origine, leur date, souvent même leur destination, sont très-difficiles à déterminer. Non-seulement les camps des peuplades barbares, gauloises ou étrangères, qui ont fait la guerre sur notre territoire, depuis une époque fort antérieure à la conquête de César jusqu'au VIII° ou IX° siècle, peuvent se confondre avec des camps romains, mais encore des enceintes ayant une destination religieuse ou civile peuvent quelquefois être prises pour des ouvrages militaires. C'est ainsi que plusieurs monuments celtiques sont environnés d'un large fossé et d'un parapet en terre. D'autres fois, des enceintes semblables entourent des *tumuli*. Dans une foule de cas, ce n'est que par l'observation de bien des circonstances accessoires que l'on arrive à connaître l'origine de ces monuments. On ne peut donc trop recommander de décrire minutieusement tous les objets antiques trouvés sur les lieux : médailles, armes, poteries, meules à grain, ustensiles de tout genre, même les ossements d'animaux si l'on en découvrait en grand nombre. Leur espèce et leur gisement pourraient fournir des renseignements utiles.

Les enceintes dont la destination militaire paraît le mieux constatée, et dont on peut rapporter l'érection à une époque antérieure à la conquête, se trouvent en général sur des plateaux élevés ou escarpés, dont elles suivent les contours les plus irréguliers. D'ordinaire, elles se composent d'un mur en pierres sèches, qui sert en quelque sorte de parement à un *agger* de terre plus ou moins épais. Les pierres sont brutes le plus souvent, quelquefois grossièrement équarries,

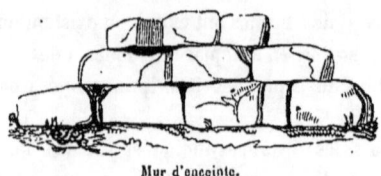

Mur d'enceinte.

plus rarement elles sont liées les unes aux autres par des tenons de bois à queue d'aronde.

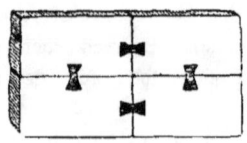

Pierres liées.

Les formes des enceintes en terre que l'on peut regarder comme des camps sont trop nombreuses et trop variables pour qu'on essaye de les décrire ici. Un grand nombre présentent ce rapport, qu'elles ont une petite enceinte intérieure presque toujours contiguë à l'enceinte principale.

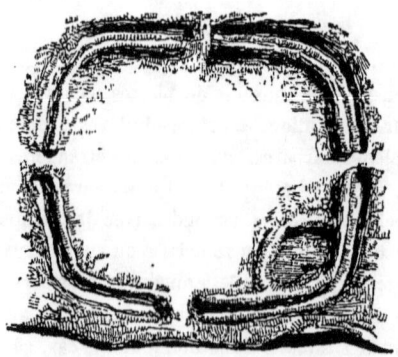

Plan d'un camp.

Quant à leur origine, il est difficile de la constater autrement que par la découverte des objets antiques qu'elles peuvent renfermer. On conçoit en effet qu'avant l'invention des armes à feu tous les retranchements temporaires ont eu entre eux la plus grande ressemblance, quel que fût le peuple qui les eût construits.

Cependant, lorsque quelques-uns de ces camps offrent un tracé conforme aux règles de la castramétation chez les Romains, on peut présumer qu'ils ont été élevés par ce peuple, et à une époque où ses légions avaient encore conservé leur antique discipline.

Nous rappellerons donc sommairement l'ordonnance des camps romains, telle que nous l'ont transmise les auteurs militaires.

Anciennement, c'est-à-dire sous la République et dans les premières années de l'empire, les camps étaient carrés, entourés d'un rempart en terre avec un fossé en avant, d'une largeur et d'une profondeur correspondant à l'épaisseur et à la hauteur du rempart, ce dernier n'étant composé que des terres retirées du fossé. Dans la suite on leur donna la forme d'un parallélogramme rectangle, quelquefois avec des angles arrondis, les grands côtés étant aux petits dans le rapport de trois à un.

D'ordinaire, les camps avaient quatre portes, une sur chaque face; quelquefois un ouvrage avancé, un rempart avec un fossé, s'élevait en avant des portes. Le rempart du côté opposé à l'ennemi avait souvent une hauteur sensiblement plus considérable que celle des autres faces du camp.

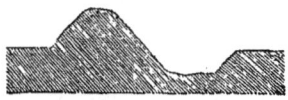

Coupe d'un rempart.

Les lieux que les généraux romains préféraient pour établir leurs camps étaient principalement les larges plateaux à proximité des cours d'eau, ou bien les plaines. Pour eux, une hauteur escarpée était une mauvaise position, et leur pratique constante était de faire niveler le terrain occupé par leurs troupes.

On ne peut qu'inviter les correspondants à joindre à leurs mémoires sur les camps antiques un plan détaillé non-seulement des retranchements, mais de leurs environs, avec des coupes du fossé, du rempart; et, s'il se peut, de tout le terrain qu'embrasse l'enceinte fortifiée. Il est essentiel de marquer à quelle distance du camp se trouve un ruisseau ou un étang. Enfin l'on recherchera si dans le voisinage il existe d'autres retranchements, et si des découvertes d'objets antiques ont été faites aux environs.

FORTIFICATIONS PERMANENTES.

Nous avons donné, page 13, quelques renseignements sur les fortifications permanentes des Gaulois.

Il y a lieu de croire qu'après la conquête, les Romains, voyant leur domination affermie, ne fortifièrent point les villes qu'ils bâtirent ou qu'ils occupèrent. Campées sur les frontières orientales, leurs légions arrêtaient les incursions des barbares, et un très-petit nombre de troupes suffisait à maintenir l'ordre dans les provinces ajoutées à l'empire. Les troupes étaient ou réparties dans des stations militaires, *stativa castra*, ou bien elles occupaient certaines forteresses ou citadelles à proximité des grandes villes.

Dans la décadence de l'empire, les invasions des barbares firent sentir le besoin de fortifier les villes, pour les mettre à l'abri du pillage. Les travaux entrepris à cette époque portent l'indice d'une grande précipitation, et d'ordinaire on remarque que les murailles sont bâties avec les débris de grands édifices, comme si on les avait sacrifiés pour en tirer des matériaux à l'approche du danger. Les progrès de la religion chrétienne expliquent encore comment un grand nombre de temples furent démolis alors, et leurs matériaux employés à ces fortifications.

Presque toutes les murailles construites à cette époque se font reconnaître facilement par les blocs énormes qui en forment les assises inférieures, et dont un grand nombre présentent des moulures, des bas-reliefs ou des inscriptions. En général, le haut des murs est à petit appareil, interrompu par des lits de briques ou de tuiles. Quelquefois certaines parties du parement extérieur présentent une espèce de mosaïque grossière, par la combinaison de pierres noires et blanches et de briques rouges. Il faut noter l'épaisseur du ciment qui sépare les pierres, en général beaucoup plus considérable que dans les premiers siècles de l'architecture romaine.

Les tours sont rondes plus souvent que carrées, ayant le même diamètre à leur base qu'à leur sommet, et fort rapprochées les unes des autres. En œuvre, leur diamètre est rarement de plus de quinze à dix-huit pieds.

Les observations qu'on devra faire sur ces fortifications sont les mêmes que celles qui s'appliquent à tous les édifices du même temps.

On trouve quelquefois, sur des bas-reliefs ou des mosaïques, des renseignements curieux sur l'art de la guerre chez les anciens, des représentations de machines de guerre, de tours, de remparts, de tentes, etc. En décrivant ces monuments, on doit toujours y joindre des dessins ou des calques, s'il y a lieu.

MONUMENTS CIVILS.

Les édifices publics des Romains prirent un grand développement sur le sol des Gaules. Ces constructions sont aussi importantes que toutes celles qui jusqu'ici ont été signalées à MM. les correspondants ; leur étude peut offrir un grand nombre de faits nouveaux.

PORTS.

Si la ville romaine qu'on étudiera est maritime, on tracera sur le plan général l'étendue et l'emplacement des ports marchand et militaire, l'arsenal, les magasins, le phare, les jetées, et tous les détails de marine que pourraient produire les fouilles, si le port est à sec.

Au profil des quais on joindra un détail de la construction destinée au soutènement des terres, des notes sur les mortiers hydrauliques, l'exploitation de la chaux, etc.

AQUEDUCS.

On suivra le cours des aqueducs non-seulement dans les vallées et dans les plaines qu'ils traversent sur des constructions apparentes, mais encore dans les montagnes percées, sous le pavé des villes, et partout où passèrent les canaux. Dans l'étude générale de ces aqueducs, depuis la source jusqu'aux citernes ou réservoirs qui reçurent les eaux, on fera un travail de nivellement pour connaître les siphons et autres moyens en usage chez les Romains; on pourra compléter ainsi nos connaissances sur la science hydraulique des anciens.

Le cours des tuyaux de plomb ou de terre cuite distribuant les eaux dans la ville sera relevé, lorsque des fouilles les mettront à découvert. Les lieux où purent être situés les châteaux d'eau, fontaines ou lavoirs, seront donnés par le nivellement des terrains et le cours de ces tuyaux.

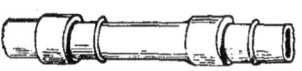 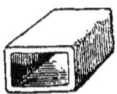 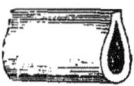

Tuyau en terre. — Tuyau en plomb.

Les mastics et revêtements intérieurs des conduits et des piscines seront l'objet d'une étude spéciale, ainsi que les dépôts tartreux des eaux, et tout ce qui peut indiquer la durée de leur passage ou de leur séjour.

Les Orientaux ont conservé l'usage de retenir dans les vallées les eaux pluviales ou celles qui coulent lentement des montagnes, par des digues solides, derrière lesquelles ils établissent des fontaines commodes et des lavoirs publics. Ces constructions étaient connues des anciens; la France en possède des traces auprès d'Aix; il est important de les signaler et de les étudier, non-seulement comme des monuments de la domination romaine, mais encore dans le but d'en faire connaître l'usage, et de le renouveler dans des contrées dépourvues d'eau courante.

THERMES.

L'examen des aqueducs se lie à celui des bains publics et particuliers, désignés chez les Romains par les noms de *thermæ* et *balnea*. Les thermes, si multipliés dans l'antiquité, et dont les Gaules ont conservé de nombreuses ruines, s'élevèrent auprès des sources thermales, dans l'enceinte des grandes villes et quelquefois *extra muros*. Lorsque la ligne des canaux d'aqueduc aura dirigé les études vers les ruines que la tradition ou les dispositions elles-mêmes pourront faire considérer comme appartenant à un édifice consacré aux bains, un plan général sera levé; on y indiquera les arrivées des eaux avant leur emploi, et les aqueducs de dégagement, lorsque, par l'usage des bains, elles étaient mises hors de service.

Un réservoir étant nécessaire pour réunir ces eaux avant leur arrivée aux piscines ou grands bassins, de même qu'aux bains particuliers, on en cherchera les traces en amont du cours d'eau. Toutes les directions que devaient suivre les tuyaux de distribution, soit vers l'hypocauste ou fourneau destiné à chauffer les bains, soit aux baignoires avant et après l'usage, seront étudiées de manière à bien expliquer les fonctions de chaque conduit.

Si des souterrains destinés à servir de magasins aux combustibles, de salles de service, d'hypocauste pour chauffer les bains, etc., se rencontrent dans les ruines de l'édifice, ils seront l'objet de plans particuliers; les divers niveaux des salles, leurs usages respectifs, tels que bains froids, bains tièdes, étuves, etc., seront expliqués au plan; leur forme et la place qu'elles occupent dans l'établissement guideront pour ces désignations.

Si quelques traces de mosaïques ou de décorations intérieures, telles que peintures, stucs, marbres incrustés, se rencontrent dans les ruines, elles seront recueillies et dessinées avec précision, en couleurs et dans le caractère de l'antiquité.

L'orientation du plan est nécessaire comme vérification de plusieurs préceptes de Vitruve relatifs aux bains. Des coupes sur chaque salle indiqueront sa forme et sa construction.

PRÉTOIRES.

Les capitales de province doivent seules renfermer les restes de palais impériaux ou de prétoires; ces grands édifices, qui ne reçurent les souverains que pendant leurs voyages dans les Gaules, furent plus spécialement réservés aux chefs qui commandaient l'occupation.

Cette considération doit les faire envisager sous le point de vue militaire autant que sous l'aspect civil : l'emplacement qu'ils occupèrent fut donc ordinairement choisi de manière à dominer le pays, à tenir les routes stratégiques sous la dépendance du préfet, à relier avec les camps d'occupation toute la ligne militaire.

Lorsque ces conditions de localités seront reconnues dans les ruines d'un grand édifice que les traditions pourront indiquer comme un prétoire, le relevé du plan y fera distinguer les grandes salles d'audience, un tribunal et de vastes habitations. Près de cet édifice les nivellements de terrain pourront indiquer la surface d'une place publique ou *forum*, convenable à la réunion d'une partie de l'armée et de la population. On devra, par un examen scrupuleux de l'enceinte, s'assurer des relations qui pouvaient être établies entre le palais prétorien et les murailles de la ville; la même étude s'appliquera aux portes placées sur la voie militaire.

Les plans, coupes et façades indiqueront exactement l'état actuel de l'édifice; les détails de construction qui pourraient offrir de l'intérêt seront signalés aux dessins et dans les descriptions.

ARCS DE TRIOMPHE.

Les trophées militaires, arcs de triomphe, colonnes historiques, multipliés en France par l'art italique, sont des monuments isolés dans lesquels la richesse de l'architecture fut plus ou moins prodiguée selon l'importance des faits mémorables dont ils conservèrent le souvenir.

Les arcs de triomphe placés, selon l'effet qu'ils devaient produire, avant l'entrée des villes, à l'alignement des remparts, dans l'intérieur de l'enceinte ou à la tête des ponts, présentent des aspects variés.

Les plus simples, ouverts d'une seule arcade, offrent une masse décorée de colonnes saillantes, au milieu desquelles la sculpture monumentale a figuré les statues des peuples vaincus. Les ornements de l'archivolte, des arcs doubleaux et de la voûte, sont imités des productions du sol, heureuse idée que l'art du moyen âge devait développer plus tard.

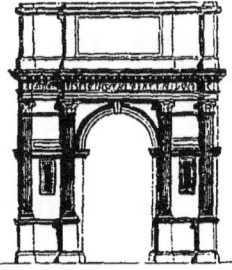

Arc de Titus à Rome.

D'autres arcs, sans colonnes engagées, sont décorés de pilastres, de bas-reliefs figurant les faits remarquables de la guerre. Les plus riches monuments de ce genre sont

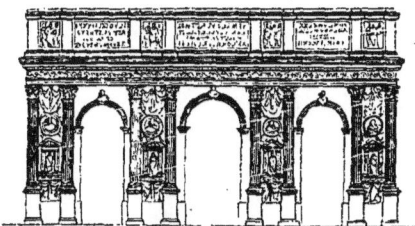

Arc de triomphe à Reims.

percés de trois grandes arcades égales en hauteur, comme on en voit un exemple à Reims; ou d'arcs de dimensions différentes : tel est celui d'Orange.

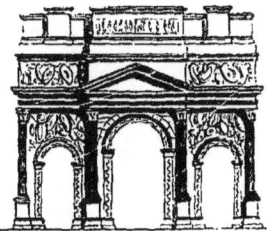

Arc de triomphe à Orange.

Les dessins géométraux de ces édifices, tous construits en pierres de grandes dimensions, feront connaître la disposition de l'appareil, les moyens de construction employés pour obtenir des voûtes durables bien que refouillées de caissons sculptés. On aura soin d'exprimer toutes les assises de pierres par leurs joints horizontaux et verticaux; on ne négligera point les trous régulièrement placés qui pourraient indiquer des inscriptions ou des ornements en métal.

Tous les attributs sculptés seront dessinés dans leur caractère : ils sont de nature à expliquer des usages inconnus; on y voit des enseignes militaires, des vêtements curieux, des armes, des machines, etc., etc. Les têtes d'esclaves ou de vaincus placées dans les impostes et les frises seront aussi l'objet d'une étude spéciale; leurs caractères anthropologiques peuvent donner les moyens d'assigner l'âge du monument.

Les fruits, les feuillages et les fleurs employés dans l'ornementation seront dessinés avec assez d'exactitude pour qu'on puisse y trouver des notions positives sur les productions anciennes du pays.

COLONNES HISTORIQUES.

Les colonnes historiques, indépendantes des fêtes triomphales et ayant pour but de perpétuer le souvenir d'un fait isolé, se trouvent dans les campagnes aussi souvent que dans les villes; elles s'élèvent au lieu même où s'était livrée une bataille, où avait eu lieu un événement digne de mémoire.

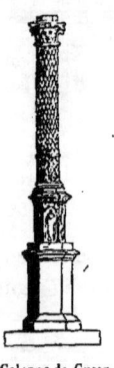

Colonne de Cussy.

Les bas-reliefs placés sur les piédestaux, les ornements d'architecture qui couronnent les embasements, ou qui décorent la colonne elle-même, pouvant être en rapport avec le motif qui fit consacrer le monument, seront dessinés avec assez d'exactitude pour qu'aucun détail n'échappe à l'investigation.

Si la colonne est tronquée dans sa hauteur, ce qui n'arrive que trop souvent à ces constructions offrant peu de résistance, on cherchera dans tous les environs les fragments qui pourraient s'y rattacher et la compléter. Le style de la sculpture est le meilleur moyen de rapprochement dont on puisse faire usage en pareil cas. Les mesures peuvent aider encore à relier à la masse principale les détails dispersés.

Les piles isolées et élevées sur une base étroite, les tours massives et dans lesquelles on ne peut reconnaître un but d'utilité, pourront être classées dans ce genre de monuments.

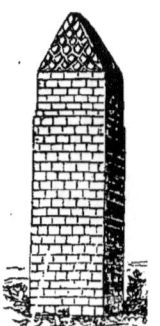

Monument à Toulon (Charente-Inférieure).

JEUX PUBLICS.

Les jeux publics établis dans les villes romaines nécessitèrent la construction d'édifices capables de réunir la foule des spectateurs; à l'emploi du bois on substitua bientôt celui de matières plus durables, et, dans les colonies fondées par les empereurs avec tout le luxe des grandes cités, on éleva des monuments spéciaux aux jeux scéniques, aux combats d'animaux, aux courses de tout genre; les grandes villes de la Gaule offriront donc collectivement aux études de MM. les correspondants le théâtre, l'amphithéâtre et le cirque. Lorsqu'une ville sera considérée comme une colonie du second ordre, elle pourra se voir privée d'un de ces immenses édifices; le cirque, fort rare dans les Gaules, fut supprimé le plus souvent, et les courses s'établirent sans frais dans la plaine.

L'amphithéâtre, qui offrait dans son enceinte plus d'un genre de combats, manque rarement aux colonies de quelque importance, et ses jeux, conservés jusqu'aux premiers siècles de la monarchie, nécessitèrent alors quelques constructions dont on retrouve les traces. Le théâtre enfin réunit tous les divertissements donnés aux populations lorsqu'il fut le seul édifice consacré aux fêtes; MM. les correspondants rechercheront les souvenirs historiques de ces jeux publics, et devront, selon l'étendue des villes, rendre compte de leur importance; les camps ou grandes stations militaires pourront aussi conserver les traces des théâtres.

Chacun de ces monuments présente des formes distinctes, des dispositions spéciales, qui doivent être étudiées dans tous leurs détails.

THÉATRES.

Le théâtre des Romains était le plus répandu dans les Gaules; il différait de celui des Grecs par la scène, beaucoup plus étroite, et par l'absence du thymelée, ou orchestre avancé, destiné aux récitatifs et aux chœurs. Il se composait de deux parties bien distinctes. La première, tracée sur un plan demi-circulaire, contenait les bancs des spectateurs. L'économie, la facilité d'exécution, avaient fait établir dès l'origine cette portion de cercle dans le flanc d'une colline, dont la pente favorisait la pose des gradins.

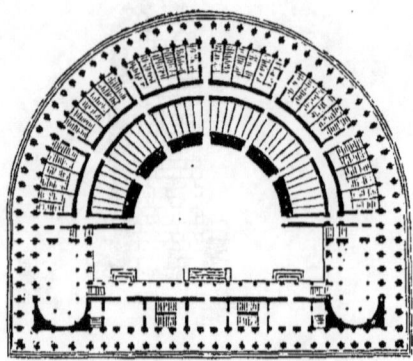
Plan du théâtre de Marcellus, à Rome.

Une galerie à colonnes régnait au sommet, et formait la tribune des femmes, et plus souvent celle des esclaves ; cette galerie était quelquefois en bois. Dans cette division importante du théâtre, on étudiera les dégagements favorables à l'arrivée et à la sortie de la foule, les vomitoires ou débouchés pratiqués dans les corridors pour faciliter le classement des spectateurs sur les bancs et dans les précinctions, grandes divisions des places par castes et professions ; enfin, sous les gradins, on suivra les traces des voûtes ou cases qui recevaient des vases en bronze destinés à porter la voix des acteurs jusqu'aux places les plus éloignées.

Lorsque des fouilles s'opéreront sur le sol inférieur de cette portion demi-circulaire des théâtres, MM. les correspondants y chercheront les traces de pavés mosaïques, indication de l'importance que prenait cette place réservée aux premiers magistrats. Des autels et même de petits édicules, consacrés aux dieux qui présidaient à la scène, pourront s'y rencontrer, aussi bien que dans quelque autre lieu de la salle. Sur le sol inférieur, appelé de nos jours le parterre, s'amoncelèrent les débris de sculpture et de décoration, qui, tombant de toutes parts, s'y réunirent par la nature même et la forme de l'édifice. C'est par là que les fouilles mettront au jour les fragments les plus précieux.

La seconde partie du théâtre contenait la façade, le *proscenium* ou avant-scène, les salles des mimes et toutes les dépendances nécessaires aux spectacles ; elle était sur un plan rectangulaire, et formait le diamètre ou la corde de l'arc destiné à la foule.

Le *proscenium*, décoré de marbres, de bas-reliefs, de colonnes, ornait le fond de la scène réservée aux représentations ; l'*hyposcenium*, mur peu élevé, qui du sol inférieur gagnait le niveau de la scène, était aussi enrichi de sculpture. Des portes situées au fond, sur le *proscenium* et dans les faces latérales, communiquaient aux salles des acteurs, et donnaient entrée aux chœurs, aux processions et à toute la pompe des spectacles. Ces détails de décorations et d'usages seront consignés dans des coupes levées géométralement sur toutes les parties importantes ; elles compléteront les dessins généraux de l'édifice.

On recueillera tous les détails de scellements qui pourraient indiquer les attaches de bas-reliefs et de marbres incrustés; les trous placés de manière à expliquer les moyens de couverture en charpente sur l'avant-scène seront mesurés et placés scrupuleusement sur les dessins.

Les escaliers situés près des façades seront figurés aux plans, avec le nombre et la disposition des marches nécessaires pour arriver au sol des divers planchers. Sur les élévations on détaillera les moulures de décoration, les appareils des cintres, les proportions des étages et de leurs ouvertures. Au sommet des édifices on recueillera tout ce qui pourrait expliquer les moyens employés pour tendre le *velarium* sur la totalité du monument : des consoles saillantes en marbre ou en pierre recevaient un système de charpente à cet effet. On cherchera près des théâtres les traces des portiques couverts, destinés à recevoir la foule, dans le cas où la pluie survenait au milieu des jeux. Ces portiques, composés de plusieurs rangées de colonnes, offrirent des dispositions carrées, ou de formes irrégulières, selon que les localités permirent de les étendre. Des temples furent quelquefois élevés dans leur enceinte; des plantations en faisaient une promenade publique semblable à nos esplanades.

AMPHITHÉATRES.

Double théâtre par sa forme et sa superficie, l'amphithéâtre, commun en France, présentait une construction immense sur un plan elliptique. Placés près de l'enceinte des villes, pour faciliter l'introduction des animaux qui devaient combattre, ainsi que pour le transport des victimes au delà des murailles, ces monuments offraient à l'extérieur plusieurs étages d'arcades continues, sur une longue courbe décorée de piliers ou de colonnes.

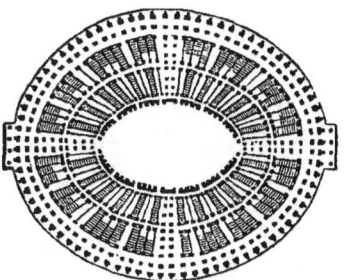

Plan de l'amphithéâtre Flavien à Rome.

L'architecture des amphithéâtres, exécutée dans des caractères pesants, vigoureux et convenables au sujet, doit être étudiée spécialement par MM. les correspondants, et mesurée avec assez de soin pour conserver à tous les détails leur physionomie particulière.

Dans l'attique, au sommet de la façade, une suite non interrompue de consoles en pierres, percées verticalement d'un large trou, recevaient, comme autour des théâtres, des pièces de bois dressées, et de l'extrémité desquelles partait un système de câbles tendus vers le centre de l'édifice pour supporter un *velarium* destiné à mettre la foule des spectateurs à l'abri.

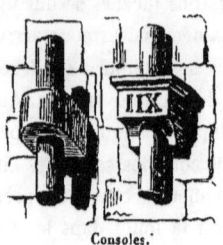

Consoles.

Les moyens employés pour placer les poutres du *velarium*, pour soutenir le tirage des toiles par la combinaison des bois ; le numérotage des consoles pour l'ordre établi dans le service ; les scellements de fer qui, sur les bancs ou dans quelque autre point de l'édifice, indiqueraient des auxiliaires au système des câbles, compléteront les études relatives à cet abri léger. Les écoulements des eaux pluviales, les détails de construction, les attributs sculptés, les décorations plaquées, etc., etc., sont des sujets d'observation qui doivent être recueillis, décrits et dessinés.

Immédiatement derrière la façade se trouvait à chaque étage une grande galerie de circulation qui faisait le tour de l'édifice. Destinée à recevoir la foule non-seulement à l'époque des jeux, mais à tout moment de la journée, cette galerie contenait des boutiques, et faisait de l'édifice un bazar qui réunissait les habitants et les étrangers. De plain-pied avec ces galeries ou par des escaliers multipliés, on se rendait aux loges des spectateurs par les vomitoires disposés pour donner entrée aux di-

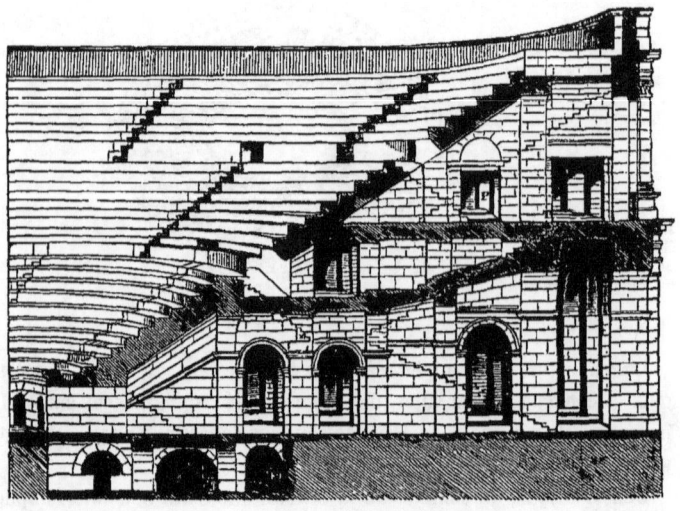

Coupe de l'amphithéâtre d'Arles.

verses précinctions de gradins. La foule réunie dans ces édifices immenses trouvait place sans désordre, par la belle disposition des issues; toutes les combinaisons de dégagements fournies par le plan, la facilité de classement dans les précinctions, la division des loges, les inscriptions de corporations gravées sur les bancs, la place assignée à chacun, depuis la tribune de l'empereur et des premiers magistrats de la colonie jusqu'à la place étroite du dernier des spectateurs, présenteront des détails curieux à examiner.

Les inscriptions indiquant les restaurations faites dans l'édifice, et à défaut d'inscription les différences notables que présenteront les matériaux dans leur nature même, ou dans la manière dont ils furent employés, serviront de guide pour étudier les révolutions qui s'opérèrent à diverses époques; on y reconnaîtra la continuation des usages qui maintinrent les jeux de l'amphithéâtre jusqu'aux premiers temps de la monarchie.

Arrivé enfin au sol de l'arène, on étudiera sa forme par un relevé des courbes; dans le *podium* ou clôture formée de pierres dressées, qui séparait les spectateurs du péril des jeux, on trouvera les quatre portes donnant entrée aux animaux et aux combattants. On examinera scrupuleusement les moyens employés pour clore ces portes, ainsi que toute autre partie de l'édifice; les scellements fixés au *podium* et indiquant des barrières de métal qui protégeaient plus complétement les spectateurs contre les dangers de l'arène; enfin on pourra trouver les traces d'un euripe ou canal placé dans quelques amphithéâtres à la base du *podium*, pour éloigner encore les animaux.

Si des fouilles, pratiquées dans l'étendue de l'arène, mettent au jour des substructions étroites, on y reconnaîtra des canaux convenables à l'écoulement des eaux; plus étendus, ces conduits pourraient former un système d'aqueducs liés aux citernes et châteaux d'eau de la ville : on y verrait alors un moyen d'amener l'eau dans l'arène pour des jeux nautiques. Un troisième motif enfin peut être attribué aux constructions trouvées sous le sol central de l'amphithéâtre, c'est à savoir, une suite de corridors destinés aux machinistes qui faisaient paraître des décorations.

En France, des amphithéâtres creusés dans le roc sont tracés sur des plans en polygones plus ou moins réguliers.

CIRQUES.

Beaucoup plus allongé que l'amphithéâtre, le cirque fut destiné aux courses de toute espèce et particulièrement à celles des chars : deux lignes parallèles de gradins ou de talus en terre, peu élevés, se développaient sur une grande étendue; reliés d'un côté par une portion de cercle, les bancs y prenaient la forme d'un théâtre; au fond était une tribune, plus souvent une entrée dans la carrière. A l'extrémité opposée, les lignes parallèles étaient réunies par une construction oblique, dans laquelle des remises de chars ou *carceres* fermées de grilles servaient de point de départ aux courses.

Au centre de la carrière et dans le sens de sa longueur, un mur peu élevé, formant l'arête ou épine de l'édifice, était construit non parallèlement aux bancs des spectateurs, mais dans une inclinaison telle qu'au moment du départ tous les chars avaient le même avantage de distance.

A chaque extrémité de l'épine, trois bornes en marbre, isolées entre elles et enrichies de sculptures, guidaient les courses et devaient être doublées un certain nombre de fois; des obélisques, des statues, des machines ingénieuses pour donner le signal du départ, et jusqu'à des bassins où l'on abreuvait les chevaux, où l'on puisait pour rafraîchir les roues des coureurs, étaient rangés sur cette épine.

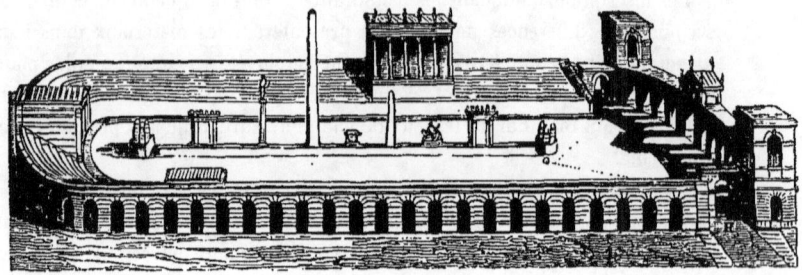

Vue perspective d'un cirque.

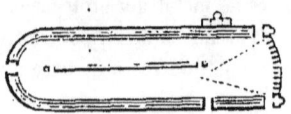

Plan du cirque de Romule, à Rome.

La France a conservé des ruines de ces édifices de luxe et de plaisir, et plus d'un hippodrome dont les constructions auraient disparu pourra se reconnaître aux formes des terrains, aux pentes alignées des collines voisines des villes, à des terrasses couronnant des arènes naturelles. C'est alors qu'on cherchera les rapports que présentera la longueur avec le stade ou les mesures romaines, qu'on déterminera sur les plans l'inclinaison des *carceres* et de l'épine, qu'on calculera le nombre de spectateurs que contenaient les gradins. Dans les villes, ces études, plus difficiles en raison des percements de rues et des maisons placées sur le sol des cirques, nécessiteront, dans les caves et les substructions des édifices particuliers, des recherches minutieuses de tout ce qui peut en faire partie. La grande étendue de ces monuments ne permit souvent d'établir que des bans en bois : dans ce cas, on retrouvera l'enceinte générale, qui fut aussi solidement construite que si elle avait été destinée à supporter des gradins en pierre.

BASILIQUES.

La présence d'une basilique était une condition indispensable aux villes qui devaient être élevées au rang de municipe; cet édifice, placé sur le forum et consacré aux transactions de négoce ainsi qu'au tribunal, était la bourse de nos villes modernes.

La distribution intérieure, uniquement formée par des colonnes isolées, l'absence des voûtes en pierres remplacées par des plafonds en bois, le peu d'épaisseur qu'une construction aussi légère avait fait donner ordinairement aux murs extérieurs, telles furent les causes de la destruction presque générale de ces monuments.

Un autre motif de destruction non moins puissant fut l'emploi que les premiers chrétiens firent des riches colonnes de ces basiliques d'usage civil, pour en décorer leurs basiliques religieuses établies sur des dispositions analogues. La grande similitude qui régna entre ces deux genres d'édifices doit faire éviter à MM. les correspondants de confondre les ruines d'une basilique romaine avec celles d'une église primitive; l'étude des détails de construction, des ciments, des fragments d'architecture, pourra déterminer l'usage primitif du monument. L'orientation du plan peut encore servir de guide dans les recherches.

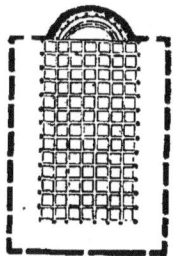

Plan d'une basilique (Palladio).

Le plan allongé des basiliques offrira une vaste circulation, séparée de la nef centrale par deux ou quatre rangs de colonnes. Au fond, une disposition demi-circulaire indiquera le lieu qu'occupait le tribunal; les angles du plan pourront donner les indications d'escaliers desservant l'étage supérieur, composé d'une galerie ouverte sur la nef. Lorsqu'une fouille sera suffisamment étendue pour permettre d'attribuer à un édifice de ce genre les constructions mises au jour, après le relevé du plan et les autres travaux déjà indiqués, on cherchera dans les fragments des détails suffisants pour compléter les deux ordres d'architecture intérieure.

Les gradins du tribunal, l'exhaussement de son sol au-dessus de celui du monument, les traces de clôture et d'appui qui pourraient indiquer une distribution d'ordre et de police intérieure, offriront des observations neuves; l'orientation du plan et la facilité de ses abords vers la place publique et les rues adjacentes compléteront les dessins géométraux.

MAISONS.

La distribution intérieure des villes antiques à l'égard des rues, des carrefours, des places publiques, était établie sur un plan régulier lorsque le terrain le permettait. Généralement, les percées principales n'ont point changé dans les cités modernes, malgré les accumulations de murailles de tous les âges et les pavements successifs.

On doit donc s'attendre à rencontrer, dans les fouilles qui couperont les rues principales, des traces de voies romaines plus ou moins rapprochées du sol actuel; on étudiera la fabrication de ces voies et leur pavement. Les substructions des maisons récemment établies sur les rues antiques sont souvent maçonnées avec des pierres enlevées à ces chaussées qui, pavées en roche dure, en lave ou en granit, offraient un *opus incertum* formé de masses épaisses et faciles à reconnaître.

Les *insulæ* ou îles de maisons, comprises entre les rues, étaient, comme de nos jours, divisées en lots plus profonds que larges. L'habitation romaine, plus commode à tous égards que celle des Gaulois, s'y établissait avec ses distributions intérieures, et soumise aux lois de mitoyenneté.

La façade, ouverte d'une ou plusieurs boutiques, avait de plus un passage conduisant à un espace plus large nommé *atrium*, et dont le centre était occupé par un bassin destiné à recevoir les eaux pluviales; les pièces disposées autour de l'*atrium* étaient celles qu'habitaient le maître et sa famille.

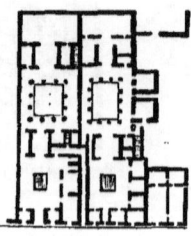

Plans de maisons, à Pompéi.

Si le propriétaire était un riche citoyen, une seconde cour ou péristyle entouré de chambres plus vastes, d'un *triclinium* ou salle à manger, de pièces de luxe, etc., formait son habitation réservée. Les villes antiques ont trop souffert en France pour qu'on puisse trouver des habitations entières; mais plus d'une mosaïque de *triclinium*, plus d'un parement de boutique ou de quelque pièce de luxe ont arrêté la pioche des terrassiers. Dans le cas où MM. les correspondants auraient connaissance d'une découverte de ce genre, non-seulement ils dessineront la mosaïque et s'opposeront à ce que, sous prétexte de spéculation, elle soit détruite, mais encore ils devront la faire couvrir de manière à la préserver de la ruine.

Établies dans un climat tout autre que celui de l'Italie, les maisons de la Gaule offriront une circonstance que MM. les correspondants ne doivent point négliger. Des hypocaustes ou calorifères souterrains répandaient la chaleur par des tuyaux de terre cuite placés sur les parois des appartements; ils offriront une étude curieuse non-seulement sous le point de vue archéologique, mais encore sous celui des améliorations à faire à nos maisons modernes[1]. On y pourra faire des observations intéressantes sur la nature des combustibles.

---

[1] Ces calorifères sont de petites dimensions; on ne doit pas les confondre avec ceux des bains.

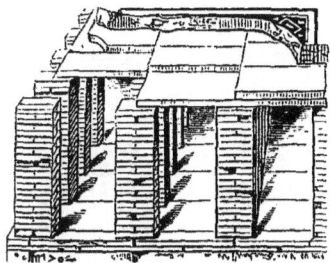
Ruines d'un hypocauste.

Dans le lieu le plus retiré de l'habitation, les divinités laraires étaient déposées dans une chapelle plus ou moins décorée : c'est à ces monuments qu'on pourra trouver des peintures curieuses; elles seront copiées avec les couleurs antiques, ainsi que toutes celles qui auraient fait partie du décor intérieur de la maison. Les enduits qui portent des peintures doivent être étudiés dans leur composition.

Le *balneum* ou bain privé se présente rarement dans les maisons romaines; la Gaule en a donné quelques exemples : il serait important de recueillir ceux qui se présenteront à l'avenir.

Des caves ou celliers se rencontrent dans les fouilles qui s'opèrent sur les villes antiques pour établir des constructions modernes, et quelquefois dans des lieux isolés. Les amphores destinées à contenir les liquides étaient plantées dans le sol de ces caves, et rangées sur une ou plusieurs lignes.

Les fours à cuire le pain, les fourneaux à cuisine, les meules à bras, les moulins,

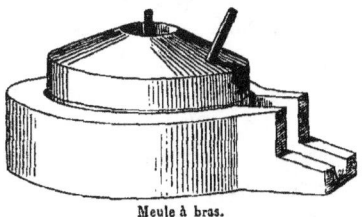
Meule à bras.

seront recueillis comme des détails de nature à faire connaître une partie de l'industrie gallo-romaine.

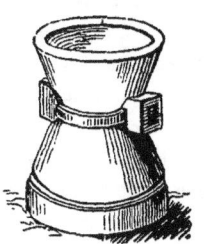
Moulin découvert à Pompéi.

Des puits, des bassins à laver ou destinés à recevoir les eaux pluviales dans l'*atrium* et dans les péristyles, des piscines d'une plus grande étendue et situées dans les jardins, tels sont les détails qui pourront se présenter dans les maisons particulières des villes.

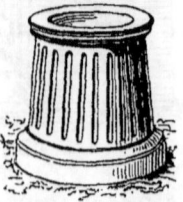

Margelle d'un puits.

On pourra reconnaître, au sol qui couvre aujourd'hui les constructions, si elles étaient entièrement établies en pierre; les maisons de bois étaient communes dans le Nord. La campagne peut offrir aussi des notions sur les habitations de riches citoyens qui pendant l'été s'éloignaient des affaires. Le Laurentin ou *villa* de Pline, les nombreuses maisons de Cicéron, sont assez connus par les descriptions pour qu'on y retrouve tout le luxe des habitations de la ville. Les moyens d'étude indiqués précédemment sont donc applicables aux constructions particulières qui se trouveront *extra muros*.

Les travaux agricoles groupèrent des fermes ou habitations rurales pour l'exploitation des terres; la distribution de ces bâtiments, les destinations diverses des corps de logis, tels que granges, étables, etc., devront être indiquées par les plans; et de la nature de ces corps de fermes pourront quelquefois se tirer des inductions sur le genre de culture autrefois en usage dans telle ou telle province.

M. Féret a fait dans la Normandie des observations de ce genre qui ont produit d'heureux résultats.

Aux instructions qui précèdent, et qui s'appliquent aux ornements au-dessous du sol comme à ceux que des fouilles anciennes ou récentes mirent au jour, on doit joindre quelques observations relatives aux découvertes à faire, et à la direction à donner aux travaux de terrasse.

L'inspection souvent répétée d'un terrain qui présentera des chances de succès aux explorations, y fera reconnaître certaines ondulations prolongées, d'une couleur différente de celle de l'*humus* des environs, et empruntée des ciments, des débris de terre cuite et de pierre calcaire.

Si le sol est livré à la culture, la germination plus lente sur les murs cachés près de sa surface fera voir à l'observateur des surfaces différentes dans la verdure; par le plus ou moins de force dans la végétation, on pourra suivre les constructions antiques, dont souvent le plan entier est dessiné par des lignes de plantes étiolées.

Après les pluies abondantes, non-seulement le sol emprunte ses nuances des débris qu'il renferme, mais encore des éboulements s'opèrent, et peuvent mettre au jour des constructions, des poteries, des pierres gravées et des médailles.

Dans les contrées maritimes ou sur les bords des fleuves, les orages entraînent des portions de terrain considérables ; les observations de MM. les correspondants doivent se diriger vers les rives ainsi entamées.

Il n'est pas moins ordinaire dans les montagnes de voir les torrents causés par les fontes de neiges déchausser les constructions antiques, entraîner dans les ravins des fragments précieux, des médailles et autres objets.

Jamais, en aucune circonstance, un terrain ne doit être rétabli à l'état qui précédait l'exploration, sans que des dessins et des procès-verbaux ne constatent les découvertes, et ne les fassent connaître dans tous leurs détails de nivellement, de dispositions générales et particulières, et dans tout ce qui est relatif à la construction et à l'emploi des matériaux.

On doit veiller à ce que les ouvriers entamant la terre avec prudence, et ordinairement à la bêche, ne brisent point les mosaïques ou les sculptures, ne détruisent pas les lignes de distribution, qui, dans les maisons, présentent souvent l'épaisseur d'une seule brique.

ARCHITECTURE
DU MOYEN AGE

CIVILISATION CHRÉTIENNE

CONSTRUCTIONS RELIGIEUSES
DEPUIS L'ORIGINE DU CHRISTIANISME JUSQU'AU XIe SIÈCLE [1].

INTRODUCTION

Lorsque sur le sol des Gaules les Romains construisaient la plupart des monuments religieux, civils et militaires, décrits dans les instructions précédentes, une religion nouvelle s'élevait à côté du paganisme, qu'elle devait renverser un jour. Poursuivis de toutes parts au nom des empereurs et de leurs préfets, les premiers apôtres chrétiens ne purent songer à construire. Aussi les persécutions qui ensevelirent les premières cérémonies religieuses dans les catacombes de Rome et de l'Italie en général, produisirent-elles des effets analogues dans les Gaules; plus d'un évêque assembla les fidèles dans des réduits souterrains formés par la nature ou produits par une industrie antérieure.

Ces lieux obscurs et isolés ne purent offrir aux pompes religieuses une étendue qui leur permît de se développer; à peine trouvait-on dans ces cryptes la place d'un autel et celle que devaient occuper quelques fidèles. Aucun style d'architecture ne décorait encore ces étroits sanctuaires; de faibles essais de peinture y retraçaient d'une manière barbare le Christ et sa mère, les images des apôtres et des premiers martyrs.

Il est peu de villes anciennes qui n'aient gardé le souvenir des persécutions, et qui ne renferment quelque saint lieu consacré par le sang des chrétiens. Lorsque ces souterrains présenteront seulement des excavations pratiquées dans la roche et

---

[1] Voir le *Cours d'Antiquités Monumentales*, de M. DE CAUMONT.

n'auront aucune trace de maçonnerie, MM. les correspondants en relèveront le plan avec soin à la boussole, en indiquant les divers niveaux du terrain, en examinant si dans les niches ou refouillements des parois, des bancs étendus ou des siéges isolés n'ont pas été pratiqués dans le massif. Si quelques traces de peinture ou de sculpture, d'inscription et d'ornement, sont conservées sur les parties travaillées de la montagne, on les étudiera avec soin ; on recherchera les issues bouchées par des blocs de pierre, qui pourraient conduire à quelque catacombe, ossuaire ou charnier, pratiqué dans un caveau continu. On devra chercher sur le sol l'emplacement que pouvait occuper l'autel, soit qu'il ait été conservé dans la roche, soit qu'on l'ait placé après le travail d'excavation.

Si la crypte se développe au point de former plusieurs nefs, on indiquera sur le plan la direction de ces nefs, leur orientation, les chapelles qui s'y rattachent, les moyens employés pour leur donner de la lumière. On pourra trouver des traces du bassin destiné au baptême par immersion, et les rigoles pour y conduire les eaux et les détourner après la cérémonie. Les traditions populaires attachées à ces premiers monuments du christianisme doivent accompagner les dessins et les notes explicatives de l'état des lieux.

Si des travaux de maçonnerie se présentent dans ces voûtes souterraines, on y reconnaîtra la fabrication antique à la présence des briques alternées dans du moellon piqué avec soin et bien appareillé.

Lorsque la persécution présenta moins de rigueur, on osa construire quelques enceintes sacrées devant ces grottes converties en sanctuaires. Ces constructions, le plus souvent exécutées à la hâte, et sans les ressources de l'art de bâtir, présenteront plus d'une observation utile à consigner. On y pourra reconnaître plusieurs époques dans la maçonnerie, souvent refaite en partie, ou modifiée dans ses formes générales.

Les apôtres et les martyrs, soumis à la loi qui fit placer les cimetières hors des villes romaines, furent ensevelis d'abord loin de l'enceinte, dans le lieu des sépultures communes ; un tombeau leur fut consacré ; il devint un point de réunion pour les fidèles. Sur ces monuments ou *mémoires* s'élevaient des chapelles de peu d'étendue ; la sépulture conservée sous l'autel y prit le nom de *martyrium* ou *confession*. C'est donc à quelque distance des anciennes enceintes de villes que MM. les correspondants doivent diriger leurs recherches pour trouver les fondations pieuses de l'Église primitive. L'affluence du peuple fit bientôt augmenter la superficie des premiers édifices ; auprès d'eux s'élevèrent des chapelles secondaires qui formèrent un ensemble où l'on doit reconnaître l'origine des basiliques, des abbayes et de leurs dépendances.

Du jour où Constantin permit au christianisme de sortir des catacombes, les temples s'élevèrent sur toute l'étendue de l'empire, une ère nouvelle s'ouvrit pour les arts, et l'architecture religieuse prit naissance. Mais l'antiquité exerça d'abord une grande influence sur les travaux des premiers chrétiens.

Cet art se divisa bientôt en deux rameaux bien distincts : le premier, qu'on peut appeler *style latin,* fut adopté par l'Église latine, se développa grandement dans Rome, et se répandit dans le nord de l'Italie, dans les provinces illyriennes, l'Allemagne, les Gaules et l'Espagne, enfin dans tout l'empire d'Occident. Basé sur les principes sages de la construction antique, il fut adopté par les Goths, les Vandales, les Lombards, dans toutes les provinces soumises par ces peuples barbares. L'imitation presque servile des détails de l'architecture romaine caractérise cette première période. L'autre style primitif, formé de même d'éléments romains, et transplanté à Constantinople, y prit sous le ciel de l'Orient une physionomie particulière, qui lui valut le nom d'*architecture byzantine;* introduit en France par suite des relations fréquentes avec Byzance, ce style, riche en inventions nouvelles, ne fut chez nous qu'une importation.

Après les dévastations dont la France fut le théâtre pendant les VIIIe et IXe siècles, on dut songer à réparer les pertes causées par la guerre. Les basiliques latines étaient incendiées, mais on n'avait pas oublié leurs dispositions premières, consacrées par les usages et favorables aux cérémonies ; on reproduisit donc le plan latin. Quant aux chapiteaux, aux entablements transmis par l'antiquité à l'architecture latine, ils avaient disparu pour la plupart ; dans les provinces méridionales, de nombreux monuments païens servirent encore de modèles ; mais partout ailleurs il fallut créer ou s'inspirer de formes étrangères.

C'est alors que les chapiteaux cubiques, créés en Orient, les moulures profondément dessinées à l'instar de celles des Grecs, les coupoles et les pendentifs inventés à Byzance, vinrent se lier aux dispositions latines pour former un style mixte nommé *architecture romane*.

Affranchis des règles de l'antiquité, les artistes chrétiens se livrèrent alors à toutes les combinaisons de l'art de bâtir ; ils élevèrent les voûtes des temples à une hauteur prodigieuse, inventèrent des nervures pour les rendre durables, des contre-forts et des arcs-boutants pour les soutenir ; et lorsque l'ogive, plus élancée que le plein-cintre, plus vigoureuse par la combinaison de ses claveaux, vint s'associer aux inventions antérieures, on vit naître un quatrième système nommé *style ogival,* improprement appelé *gothique,* développement de tout ce qui l'avait précédé, dernière période de l'art chrétien.

Ces différentes phases de l'architecture seront développées dans les Instructions jusqu'à l'époque de la *Renaissance,* que caractérise le retour aux formes consacrées par l'antiquité.

ÉPOQUES MÉROVINGIENNE ET CARLOVINGIENNE.

PREMIER SYSTÈME. — STYLE LATIN.

BASILIQUES CHRÉTIENNES.

PLANS.

La forme des basiliques primitives fut longtemps variable, et ne devint fixe qu'après la stabilité de l'Église. L'isolement, les influences locales, l'absence d'unité, contribuèrent plus d'une fois à faire adopter des dispositions incommodes, étroites et peu convenables au but qu'on se proposait. L'église latine n'offrait point l'ensemble et la puissance qui la caractérisèrent plus tard, et les constructions religieuses étaient loin de présenter encore ces vastes conceptions auxquelles s'intéressait toute la chrétienté, et qu'élevaient des populations entières. Constantin lui-même avait donné l'exemple de cette irrégularité qui régna d'abord dans la disposition des églises ; à Rome, à Constantinople, dans la Palestine, il avait consacré des temples dont le plan était indifféremment un cercle, un polygone ou un parallélogramme.

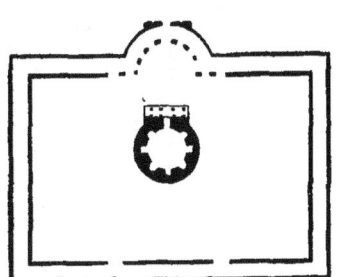

Plan de l'église de Saint-Marcellin, à Rome.

Quelquefois même ces formes se combinèrent entre elles, et plus d'une basilique primitive présenta une nef carrée précédant un sanctuaire complètement circulaire. Le temple élevé par Perpétuus sur le tombeau de saint Martin, auprès de Tours, fut, sur le sol des Gaules, le plus bel exemple de cette disposition curieuse, inspirée peut-être par un souvenir du Saint-Sépulcre.

— CONSTRUCTIONS RELIGIEUSES. — BASILIQUES. —

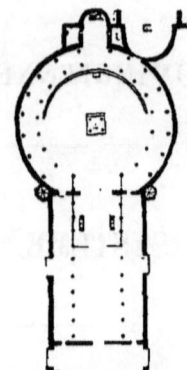

Essai de restauration du plan de St-Martin de Tours.

Enfin des absides demi-circulaires, appuyées contre les murs des basiliques allongées, ou sur les pans coupés des temples en polygone, complétèrent les éléments des premiers plans chrétiens.

Mais lorsque les cérémonies furent établies sur des règles certaines, on sut bientôt reconnaître parmi ces formes variées celle qui convenait le mieux au nouveau culte, et, dans tout l'empire d'Occident, la plupart des églises s'élevèrent sur un parallélogramme.

Plus d'un précédent avait démontré l'avantage de cette disposition pour réunir une grande affluence de peuple : la basilique construite par Salomon, auprès de son temple, pour y rendre la justice ; les synagogues où se réunissaient les juifs, et qui avaient été le théâtre des premières conversions opérées par les apôtres en Orient ; les basiliques grecques et romaines, étaient des édifices disposés en parallélogramme, et divisés en plusieurs nefs par de longues rangées de colonnes : ils offraient tout ce qui pouvait convenir au culte, et furent imités par les chrétiens.

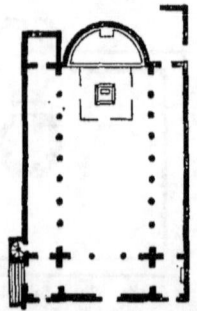

Plan de la basilique de Sainte-Agnès, près de Rome.

La circulation y était facile : au premier étage, des galeries ouvertes sur la nef principale étaient réservées aux femmes, selon l'usage oriental ; une grande porte, nommée *basilica* royale, et deux portes secondaires, s'ouvraient sur la façade pour donner accès dans les nefs ; à l'extrémité opposée, une abside demi-circulaire, imitée du tribunal des basiliques païennes, reçut le nom de tribune; les prêtres s'y plaçaient derrière l'autel, sur un banc en exèdre. A l'extrémité des nefs latérales, ou bas-côtés du temple, deux absides secondaires, fermées par des voiles, continrent les vases sacrés, les livres et les diplômes; ce fut l'origine des trésors et des bibliothèques.

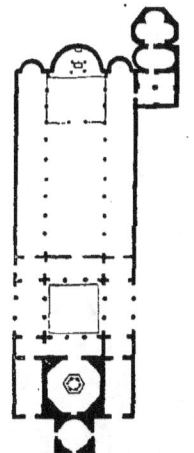

Plan de l'église de Parenzo (Istrie).

Déjà les basiliques ainsi conçues présentaient toutes les conditions nécessaires aux cérémonies; elles s'élevèrent de toute part avec ces formes simples; mais, dans plus d'une circonstance importante, on crut devoir y faire des modifications. Un mur construit devant le sanctuaire, et parallèlement au fond du temple, donna une nef transversale; ce fut l'origine des transsepts et de la forme en croix consacrée aux églises.

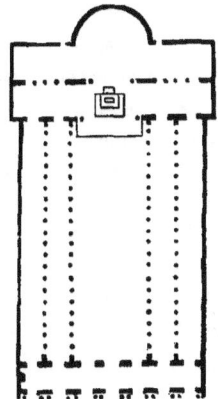

Basilique de Saint-Paul, hors les murs de Rome.

De grands arcs s'ouvrirent dans ce mur pour établir les communications entre toutes les parties du temple. Devant la façade de la basilique, de nombreuses colonnes supportèrent un toit pour former un porche destiné à recevoir la foule avant et après la cérémonie; les pénitents et les pécheurs y attendaient leur admission dans le temple.

Antérieurement au porche, une enceinte carrée, souvent entourée de portiques, formait un parvis qui devint le cimetière de la paroisse; des portes décorées de colonnes, et closes pendant le jour par des voiles, protégeaient ces lieux de recueillement contre les importunités de la rue.

Les églises circulaires étaient composées d'un mur épais, formant l'enceinte générale, et, à l'intérieur, d'un ou plusieurs rangs de colonnes, disposés en cercles concentriques; les architraves ou les cintres s'appuyaient sur ce mur; il résultait de cette forme une circulation facile autour du sanctuaire, qui, dans ce cas, environnait l'autel ou le tombeau du saint martyr placé au centre de l'édifice.

A l'extérieur, un portique rectangulaire précédait la porte pratiquée dans le mur d'enceinte; des chapelles s'appuyaient sur plusieurs points du périmètre.

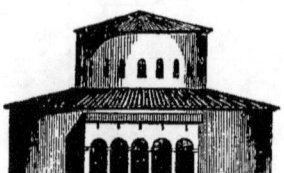

Église Saint-Étienne-le-Rond, à Rome.

Il est difficile que des basiliques primitives aient entièrement survécu aux nombreuses guerres et aux dévastations qui désolèrent la France dans les premiers siècles de la monarchie; cependant on peut espérer d'en rencontrer quelques fragments isolés, ou joints à des constructions moins anciennes; et plus d'une église, reconstruite après le VIIIe ou le IXe siècle, a pu conserver au moins la distribution générale du plan : l'Allemagne en possède des exemples. L'attention de MM. les correspondants doit donc se porter sur ces investigations curieuses pour l'histoire de l'art chrétien en France. Les églises d'une petite étendue, les chapelles isolées et composées d'une seule nef, présentèrent plus de chances de conservation que ces grands édifices dont la richesse causa souvent la ruine. Plusieurs petits temples chrétiens, que l'on peut attribuer aux premiers siècles, sont connus sur divers points de la France; MM. les correspondants pourront en faire connaître de nouveaux : la simplicité de leur plan, la nature de leur construction, qui sera indiquée plus loin, seront des moyens d'en assigner l'âge.

En prenant pour guide les légendes et les traditions populaires, MM. les correspondants doivent observer les lieux où sont érigées les chapelles et les églises. On fera connaître si elles occupent le sommet des montagnes, le voisinage des récifs ou des ports de sauvetage, le bord des routes, les plaines ou le fond des vallées; consacrées aux archanges, elles sont placées ordinairement sur les lieux élevés. Enfin, après avoir examiné la forme et l'emplacement des temples chrétiens, une dernière étude, et ce n'est pas la moins importante, doit déterminer l'orientation de l'édifice. On sait que toutes les églises du Moyen Age, lorsque le local n'y apporta point d'obstacles, furent construites de telle sorte que l'abside était à l'orient, et les portes à l'occident.

Aux premiers siècles du christianisme il n'en était pas de même, soit que la règle ne fût pas établie, soit encore qu'on ait voulu conserver la tradition du tabernacle de Moïse et du temple de Salomon, édifices qu'on ne doit pas perdre de vue lorsqu'on étudie les monuments du christianisme. A Rome, la plupart des basiliques construites par Constantin, et conservées en totalité ou en partie, ont leurs portes à l'est et l'abside au couchant. On peut trouver encore une raison de cet arrangement, contraire à celui du Moyen Age, dans la manière dont les autels primitifs, dits *à la romaine*, étaient disposés; le prêtre, placé derrière pour officier, regardait en même temps et l'orient et le peuple.

EXTÉRIEUR DES BASILIQUES.

FAÇADES.

Le système de construction usité dans les églises primitives des Gaules fut certainement, comme à Rome, une reproduction de celui des derniers siècles de l'empire. Des briques d'une forme et d'une fabrication semblables à celles des Romains, trouvées à plusieurs époques dans les constructions de l'église royale de Saint-Denis et de Sainte-Geneviève de Paris, fondées au Ve siècle; quelques édifices, tels que Saint-Jean de Poitiers, les Basses-Œuvres à Beauvais, etc., démontrent suffisamment que, dans la première période chrétienne, les traditions antiques servirent de guide aux constructeurs. MM. les correspondants étudieront dans tous leurs détails les fragments de construction religieuse qui pourraient présenter quelque analogie avec les appareils romains indiqués dans les instructions précédentes.

Avec ces éléments, les chrétiens élevèrent les façades de leurs premières basiliques, d'abord très-simples, et qui devaient bientôt s'enrichir de mosaïques dorées, des marbres les plus précieux et de nombreuses sculptures. Comme il a été dit plus haut à l'égard des plans, nous ne pouvons espérer que des basiliques complètes existent encore en France, mais on en pourra trouver quelques parties sauvées du ravage des siècles; pour les décrire, nous prendrons pour guides celles que l'Italie a eu le bonheur de conserver jusqu'à nos jours.

Un fronton peu incliné, indiquant la forme du comble, occupe le sommet des façades latines; au-dessous est une face lisse et carrée, percée de plusieurs fenêtres qui éclairent la nef.

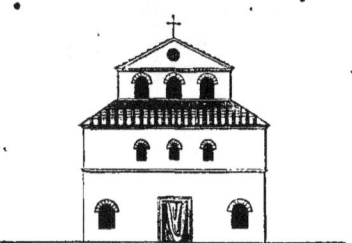

Façade de la basilique de Sainte-Agnès, près de Rome.

La partie inférieure de la façade, percée de trois portes, forme avec le haut un seul plan vertical, et souvent soutient un porche composé d'un grand toit saillant que supportent des colonnes.

FRONTON.

Les pentes du fronton ou pignon supérieur sont encadrées par des moulures saillantes, peu compliquées, qui donnent à cette partie du temple l'aspect de ceux des Grecs et des Romains ; ces moulures sont taillées sur l'arête de tablettes de marbre ou de pierre posées sur le sommet du mur antérieur de la façade, et suivant l'inclinaison du toit ; une ligne de moulures horizontales forme un triangle avec ces deux pentes. Des modillons simples ou sculptés, et imités de l'antique, supportent la saillie de ces moulures et donnent au couronnement l'aspect d'une corniche complète.

Au centre du triangle formé par le fronton, une ouverture circulaire, nommée *oculus* (œil), donne de l'air à la charpente du comble ; cette ouverture, quelquefois close, est seulement figurée alors par un cercle renfoncé. C'est là que se firent les premiers essais de mosaïque extérieure ; on y représenta le Christ en buste ou assis sur un trône ; cette figure était une reproduction des *imagines clypeatæ*, que les Romains plaçaient dans le fronton de leurs temples.

Quelquefois le fronton manque aux façades latines ; il est remplacé dans ce cas par une croupe en charpente, qui s'incline vers la nef, et fuit jusqu'au faîtage du comble dont elle est couverte.

FACE.

Au-dessous du fronton est une partie plane, ordinairement carrée, qui représente à l'extérieur le sommet de la grande nef : on la nomme *face*. Elle est décorée de trois fenêtres cintrées, et quelquefois de cinq. Rarement on voit paraître dans cette partie de la façade latine l'ouverture circulaire, qui, dans les siècles postérieurs, n'abandonne plus cette place.

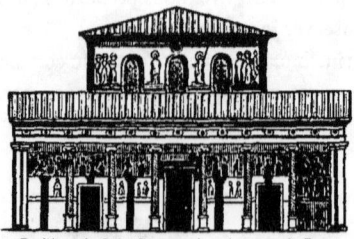

Basilique de Saint-Laurent, hors les murs de Rome.

C'est autour de ces baies, quelle que soit leur forme, que se développe tout le luxe de la décoration en mosaïque. Nous savons, par les auteurs chrétiens, que, dès les premiers siècles de l'Église, on représenta sur les façades des basiliques le Christ et sa Mère, les douze apôtres, les évangélistes et leurs attributs, des sujets de l'histoire sainte, et souvent la représentation des miracles qui avaient donné lieu à la fondation des temples. Les *atria*, les chapelles isolées, les portes de monastères, furent ainsi décorées de peintures en mosaïque. Rome et les grandes villes de l'Occident formaient ainsi de vastes musées dans lesquels les fidèles avaient toujours sous les yeux les principes fondamentaux du culte ; pensée grandement développée dans le Moyen Age, lorsque la sculpture vint multiplier à l'infini les images sacrées.

Lorsque la basilique est dépourvue de porche, la façade s'étend à gauche et à droite par deux murs dont le sommet suit une pente que détermine la couverture des nefs latérales. C'est dans ces deux parties secondaires que s'ouvrent la porte du nord et celle du midi ; au milieu est la porte royale, qui donne entrée à la grande nef. Si l'édifice est très-étendu, ces deux murs accessoires de la façade se développent suffisamment pour clore les doubles nefs latérales. C'est ainsi que sont disposées les anciennes églises de Saint-Paul-hors-les-Murs et de Saint-Pierre au Vatican, à Rome.

PORCHE.

Le porche des églises latines est un espace couvert par une charpente, le plus souvent apparente et appuyée sur la façade de l'édifice. Il se compose d'une rangée de colonnes ordinairement en marbre, établies parallèlement au mur de face, à une distance plus ou moins grande, déterminée par l'étendue et le service du temple. Les bases de ces colonnes sont imitées de l'antique ; les fûts sont unis, cannelés verticalement ou en spirales très-serrées. Ces colonnes sont couronnées de chapiteaux ioniques ou corinthiens, quelquefois exécutés avec art par les chrétiens, et offrant plus souvent les premières modifications qu'ils apportèrent aux formes antiques, et qui devaient les mettre sur la voie de création qu'ils n'ont cessé de suivre jusqu'à la Renaissance.

Les chapiteaux sont liés deux à deux par des architraves en pierre ou en marbre, sculptées ou ornées de moulures ; elles entourent le portique sur les trois faces libres, et forment le premier membre d'un entablement composé de trois assises superposées : l'architrave, la frise et la corniche. (Voy. la figure placée à la page 55.)

La frise, partie intermédiaire, est décorée de sculptures ou d'une mosaïque en marbre de couleurs, en porphyre rouge et vert, et autres matières précieuses, dont l'assemblage était nommé *opus alexandrinum*.

La corniche, divisée par des moulures, larmiers et modillons, rappelle les riches compositions romaines ; la seule différence qu'elle présente avec l'antiquité consiste dans les mauvaises proportions de ces moulures et dans l'exécution peu soignée de leurs détails. Les feuillages aigus et mal dessinés, l'abus du trépan pour produire des refouillements profonds et des effets d'ombre, le vague qui règne dans la sculpture des parties saillantes et peu modelées, tels sont les principaux caractères de ces premiers travaux des chrétiens.

Le porche est surmonté à l'intérieur d'une charpente composée d'un entrait, appuyé d'une part sur l'architrave qui lie les colonnes, et de l'autre dans le mur de face de la basilique. Des arbalétriers, des pannes et de nombreux chevrons portent une couverture en tuiles. Le fond du porche est décoré de peintures ; au-dessus des portes se placent les premières mosaïques destinées à décorer les portiques ; elles représentaient les apôtres auxquels étaient dédiés les édifices.

Les trois portes de la basilique s'ouvrent sous le porche; elles sont établies d'après le système d'architraves consacré par l'antiquité, et qui caractérise l'architecture des premiers chrétiens. Des chambranles les encadrent dans trois pièces de marbre d'une grande dimension; la moins longue forme un linteau supporté par les deux autres. Elles sont souvent décorées de sculpture d'ornement; l'*opus alexandrinum* enrichit quelquefois ces chambranles.

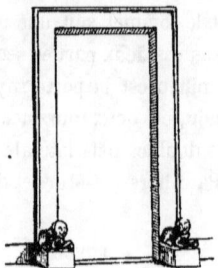

Porte de la basilique de Saint-Laurent, à Rome.

En avant de la porte principale, on voit fréquemment deux lions en marbre, entre lesquels on rendait la justice, *inter leones*. Les premiers chrétiens, peu habiles dans la sculpture, ont souvent incrusté dans les murs de la façade, auprès des portes, des fragments de sarcophages romains; les têtes de lions qui s'y trouvent figurées tiennent lieu de celles qu'ils ne pouvaient exécuter eux-mêmes.

Sous le porche, auprès de la porte principale, étaient placées deux fontaines ou bassins destinés aux purifications; introduits plus tard dans le temple, ils reçurent l'eau bénite.

ATRIUM.

L'*atrium*, situé devant le porche, est, comme on l'a vu plus haut dans la description du plan des basiliques, un vaste emplacement carré, ceint par des murailles élevées ou par des portiques. La décoration de ces galeries couvertes qui font le tour de l'atrium est la même que celle du porche, avec lequel elles sont liées. Les entrecolonnements et le système d'architrave sont les mêmes; seulement on trouve moins de richesse dans les frises et dans les détails d'architecture.

La porte de l'atrium est ouverte dans l'axe de la basilique; elle est richement décorée par un chambranle en marbre couvert d'ornements. Deux colonnes supportent un toit ou une voûte devant cette porte, et forment un porche auquel était suspendu un long voile pendant jusqu'à terre.

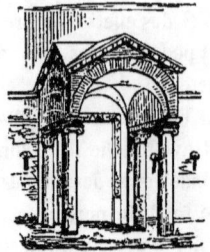

Porche de la basilique de Saint-Clément, à Rome.

Dans les basiliques privées d'atrium, chaque entre-colonnement du grand porche était fermé de même par de longs voiles, qui protégeaient les pénitents contre les importunités de la rue.

FACE LATÉRALE.

Les faces latérales des basiliques latines ne présentent rien de bien remarquable, si ce n'est l'appareil de la construction qui s'y développe sur une grande superficie. On peut y étudier aussi la disposition des toits des nefs latérales, et leur arrangement avec les transsepts, si la basilique est disposée en croix.

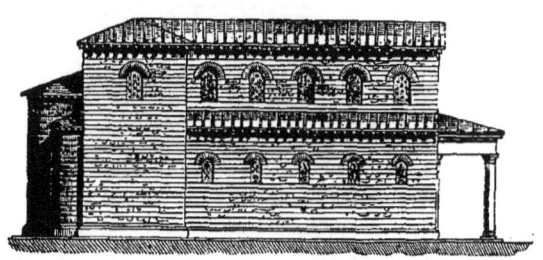

Élévation latérale d'une basilique latine.

Au-dessous de ces toits se développe une longue série de fenêtres qui éclairent la nef principale ; elles sont ordinairement cintrées. Là, plus que partout ailleurs, on peut étudier leur forme et leur construction. On y voit facilement si les cintres sont exécutés avec des claveaux en pierre de taille, avec des moellons et des briques alternées, enfin avec des briques seules, sans mélange de matériaux étrangers.

Dans les contrées méridionales, ces fenêtres étaient closes avec des tablettes de

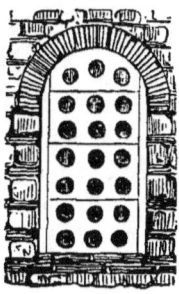 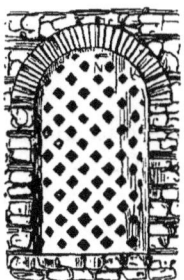

Fenêtres à Saint-Laurent, hors les murs de Rome.

marbre percées de trous circulaires ou en losanges, assez rapprochés pour former un treillis solide. Des morceaux de verre ou d'albâtre étaient fixés à ces ouvertures.

FAÇADE POSTÉRIEURE.

La façade postérieure des basiliques latines présente une ou plusieurs absides en tour ronde. Celle du milieu, la plus grande, est souvent couronnée d'une corniche en marbre, supportée par des modillons imités de l'antique. Il est rare de voir des fenêtres percées dans les absides des églises primitives. La construction y est apparente et la même que sur les faces latérales de l'édifice.

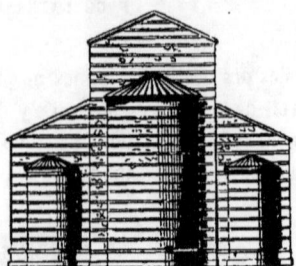

Élévation de l'abside de la basilique de Saint-Saba, à Rome.

Les absides sont appuyées contre le mur qui occupe le fond du temple. Si l'église est sans transsept, le mur présente le même profil que celui qui forme la façade principale ; dans le cas contraire, son sommet est horizontal dans toute l'étendue de la face postérieure, et n'offre aucune pente ou inclinaison.

Les toits qui couvrent les absides sont en tuiles, et forment des demi-cônes appuyés contre le mur oriental. Ces toits sont posés sur l'extrados des voûtes d'absides ; on y trouve rarement du bois de charpente.

Les tuiles ont souvent conservé la forme romaine ; elles peuvent être remplacées par des dalles en pierre ou de métal.

Les grands combles des basiliques latines sont toujours composés de fermes en charpente ou assemblage triangulaire dont les éléments sont : un entrait ou pièce

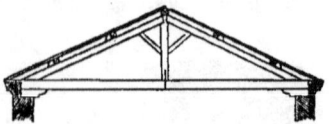

horizontale, deux arbalétriers donnant l'inclinaison au toit, u pièce verticale nom mée poinçon, divisant en deux parties égales le triangle ou ferme, et destinée à soutenir l'entrait par le milieu. Les fermes sont réunies entre elles par le faîtage et les pannes qui doivent supporter les chevrons.

INTÉRIEUR DES BASILIQUES.

Les basiliques primitives se divisent à l'intérieur en nefs d'inégale largeur, séparées par deux ou quatre rangées de colonnes, qui, du mur de face, s'étendent jusqu'au fond du monument. Le style d'architecture qui préside à la décoration intérieure est, comme on l'a vu pour les parties déjà décrites, une imitation de celui que les Romains avaient consacré depuis plusieurs siècles à leurs édifices, puisque les temples païens fournirent aux fidèles les riches colonnes, les sculptures variées, les chapiteaux de diverses formes qui décorèrent les premières églises. De nombreux pilastres et des compartiments de marbre et de porphyre enrichissent les parois intérieures de l'abside et des nefs latérales ; des entablements en marbre relient entre eux les chapiteaux des colonnes ; plus fréquemment les colonnes s'unissent par des

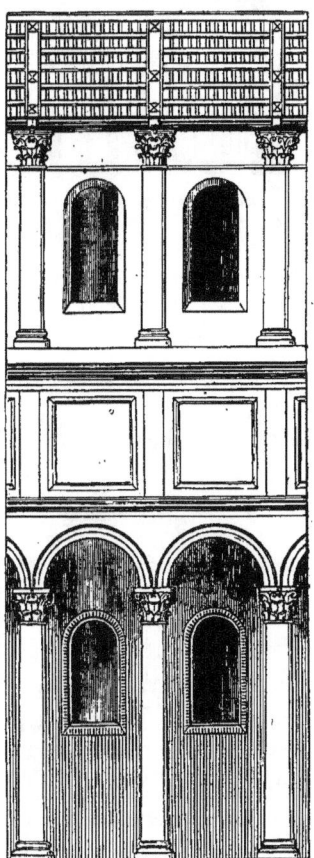

Élévation de deux travées intérieures d'une basilique [1].

arcs en plein cintre, ouverts dans les murs qui divisent les nefs.

---

[1] Nous nous faisons un devoir de donner ici à MM. Batissier et Furne un témoignage public de notre reconnaissance, en leur adressant nos sincères remercîments pour l'obligeance qu'ils ont mise à nous prêter, pour cette réimpression, quelques-unes de ces gravures sur bois si intéressantes et si bien exécutées qui illustrent leur *Art Monumental*, savant et consciencieux résumé de tout ce qui a été dit et fait sur l'architecture jusqu'à ce jour, et que nous recommandons d'une manière toute spéciale à l'attention de nos lecteurs. Les figures placées aux pages 22, 39 et 41, sont empruntées à cet ouvrage.

Quelques exemples très-rares présentent une galerie ménagée au premier étage, au-dessus des bas côtés; elle s'ouvre, sur la grande nef, par un double rang de colonnes portant des arcs. Cet étage était destiné aux femmes, qui ne pouvaient y

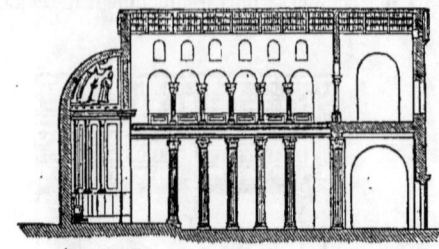

Coupe longitudinale de la basilique de St-Laurent, hors les murs de Rome.

parvenir que par des portes extérieures. Au-dessus de ces arcs sont pratiquées des fenêtres cintrées, closes par des tables de marbre transparent, d'albâtre, ou simplement de pierres opaques, dans lesquelles de nombreuses ouvertures, rondes ou carrées, donnent accès à la lumière. (*Voyez les deux exemples de fenêtres placés à la page* 58.)

Des mosaïques exécutées sur fond d'or, à la manière orientale, décorent la voûte

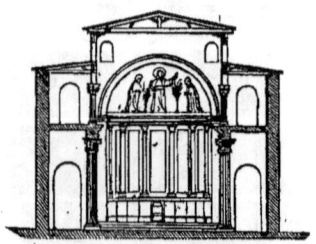

Coupe transversale de la basilique de St-Laurent.

des absides; ces riches peintures s'étendent sur toutes les parois intérieures des basiliques, pour y représenter les principaux faits de l'histoire sacrée.

Des plafonds en bois, enrichis de peintures et de dorures, et plus fréquemment encore des charpentes apparentes et sculptées, surmontent les nefs des basiliques.

Le pavé, formé d'abord de grands compartiments en marbre, fut remplacé par des mosaïques plus fines, composées de porphyre rouge et vert, de marbre blanc et d'émail. Ce travail, qui est l'*opus Alexandrinum*, a laissé des traces dans les provinces méridionales et dans l'Est de la France. Les combinaisons de dessin, les ciments qui relient entre eux les compartiments de ces pavés, les bétons établis sur le sol pour préserver les édifices de l'humidité de la terre, peuvent offrir, par une étude spéciale, des résultats utiles dans l'application.

On aura soin de recueillir, auprès des anciens édifices chrétiens, les marbres qui auraient pu servir à la décoration intérieure, et plus encore ceux qui, percés de trous symétriquement placés, seraient des débris de clôtures de fenêtre, imitées des croisillons antiques.

AMEUBLEMENT DES BASILIQUES.

AUTEL.

L'autel des basiliques latines est ordinairement un tombeau en marbre, en granit et en porphyre; la forme est celle d'une cuve ou d'un sarcophage carré. Enlevés aux édifices païens, ces monuments, qui renferment les reliques des saints martyrs, sont souvent décorés de sculptures chrétiennes exécutées dans le style antique, et ajoutées après coup. Sur la table sont gravés les attributs du christianisme : l'*alpha* et l'*oméga*, le *labarum*, la palme, etc.

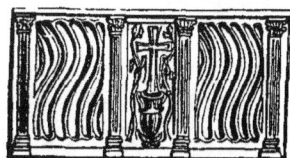

Sarcophage servant d'autel dans l'église abbatiale de Saint-Denis.

Au-dessous de l'autel est pratiquée une petite case voûtée, ouverte dans le sens de la nef ; c'est le *martyrium* ou confession, destiné à contenir les reliques des martyrs. Ce lieu est décoré avec beaucoup de luxe, et prend quelquefois un développement tel, qu'on y descend par un grand nombre de marches, disposées en avant sur les côtés de l'autel ; il devient alors une *crypte*, destinée à rappeler les souterrains des catacombes. Le moyen âge donna au *martyrium* assez d'étendue pour en faire une église souterraine, presque aussi vaste que celle qui s'élevait au-dessus du sol.

Les cryptes primitives se présentent sous des dimensions restreintes. Elles peuvent être voûtées ou simplement formées de grandes tables de pierre ou de marbre dressées et superposées de manière à rappeler les plafonds des carrières qui servirent de sépulture aux martyrs.

CIBORIUM.

Aux quatre angles de l'autel principal, ou maître-autel, s'élèvent des colonnes précieuses, surmontées de chapiteaux et d'un entablement en marbre formant un dais au-dessus de la sainte table. Cette décoration est le *ciborium*. On y prodigua,

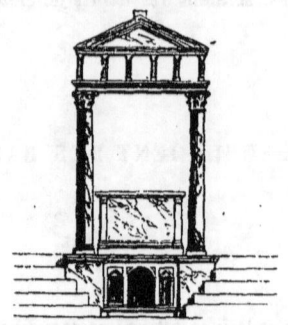

Ciborium de la basilique de St-Clément, à Rome.

dans les premiers siècles du christianisme, tout le luxe des métaux et des pierreries ; les plus anciens, décrits par les auteurs, étaient surmontés d'un fronton ; on sait qu'il en existait aussi de couronnés par quatre petits arcs, un sur chaque face de l'autel.

CLOTURE.

Les basiliques latines présentent, en avant du sanctuaire, un espace carré, entouré d'une clôture en marbre, richement ornée de mosaïque et de sculpture ; cette

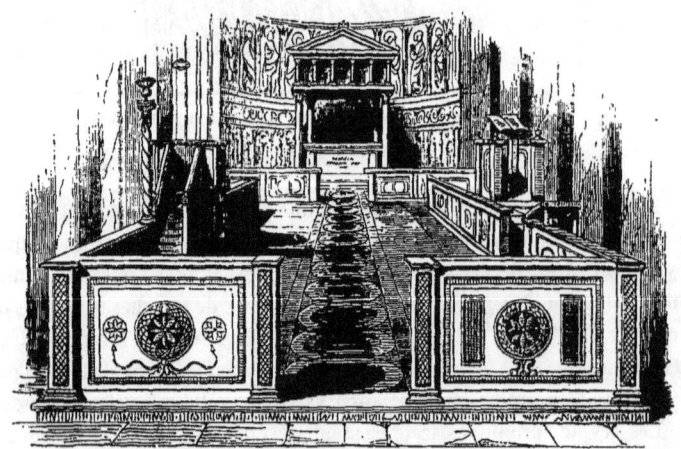

Clôture du chœur de la basilique de St-Clément, à Rome [1].

enceinte forme le chœur. Des bancs en marbre y sont consacrés aux clercs ; un riche pavé décore le sol.

AMBONS.

Les ambons destinés à la lecture de l'épître et de l'évangile s'élèvent sur les faces latérales de la clôture. Construits en marbre ou en pierre, ces ambons présentent d'un côté un pupitre élevé, que supportent de petites colonnes, et auquel on

[1] Cette gravure est extraite de *l'Art Monumental*, par M. L. Batissier.

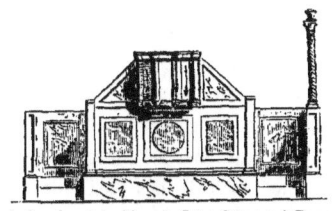

Ambon dans la basilique de Saint-Clément, à Rome.

arrive par plusieurs degrés ; de l'autre côté est une chaire à laquelle on monte par deux escaliers. Auprès de cette chaire, sur un des pilastres qui la décorent, s'élève une colonnette enrichie de mosaïques : elle est destinée à porter le cierge pascal.

BAPTISTÈRES.

Devant les basiliques primitives, extérieurement à l'*atrium*, et quelquefois aussi dans son enceinte, s'élevait un petit édifice indifféremment carré, circulaire, hexagone, octogone, ou en forme de croix grecque ; il était destiné aux cérémonies du baptême.

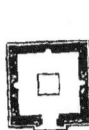 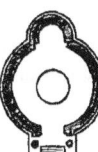 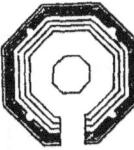 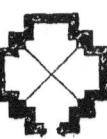

Au centre, un bassin profond prenait, le plus souvent, la forme de l'édifice. Sous l'invocation de saint Jean-Baptiste, on y recevait, de la main de l'évêque, le baptême par immersion. Les catéchumènes étaient plongés dans la cuve, qui se remplissait par une rigole souterraine, et se vidait par le même moyen. Le bassin était souvent environné d'une galerie de colonnes destinées à porter le plafond ; une ouverture

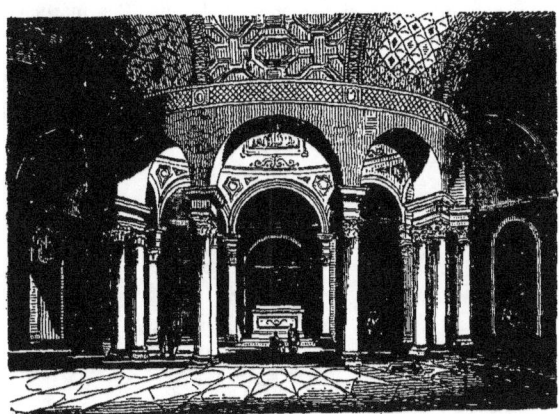

Vue intérieure d'un baptistère près de Ste-Agnès, à Rome [1].

Nous devons la communication de cette gravure à l'obligeance de M. L. Batissier.

éclairait l'édifice par le haut; les bancs des catéchumènes se plaçaient autour à l'intérieur. Vis-à-vis la porte d'entrée, placée en regard de celle de la basilique, l'image de saint Jean présidait à la cérémonie. Les baptistères, peu commodes en raison de leur distance du temple et de la position qu'ils occupaient relativement à l'axe de l'*atrium*, furent quelquefois rattachés à l'ensemble de l'édifice par des portiques. On les établit encore sur la face latérale des basiliques, pour éviter les inconvénients qu'ils présentaient devant l'entrée principale.

Plus tard la fontaine du baptême fut introduite sous le porche, qui prit le nom de *catéchumène*; puis dans l'enceinte même de la basilique, où elle occupa une chapelle particulière dans les nefs latérales. Ces diverses positions des fonts de baptême doivent être un sujet d'étude pour MM. les correspondants.

FONTS BAPTISMAUX.

Les formes variées auxquelles fut soumis le bassin destiné à la cérémonie n'offriront pas moins d'intérêt que les diverses places qu'il occupa au dehors ou au dedans de l'enceinte des édifices sacrés. A l'origine du christianisme, on fit usage de cuves en granit ou en marbre, qui, dans l'antiquité, décorèrent les bains publics; mais, loin des grandes villes, on dut y suppléer par une construction facile. Des tablettes de pierre, bien jointes, furent disposées en polygone ou en carré; dressées autour

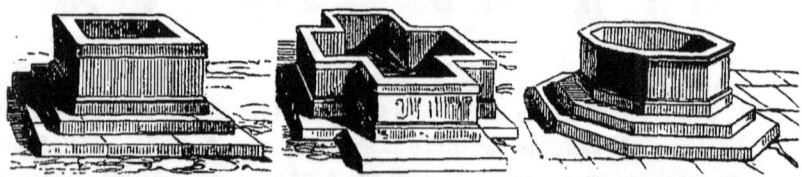

d'une aire en béton qui devint le fond de la cuve, elles formèrent un bassin assez grand pour contenir plusieurs personnes à la fois. Des marches disposées autour permirent d'entrer plus facilement dans l'eau.

La sculpture d'ornement et les incrustations en marbre couvrirent les faces extérieures du bassin. Souvent sur ces pierres debout de petites colonnes furent placées aux angles, pour fixer une clôture.

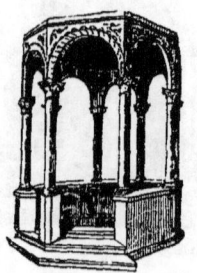

Fonts baptismaux à Cividal (Frioul).

Lorsqu'on abandonna l'usage de plonger les catéchumènes dans le bassin, il se ferma par un couvercle mobile qui permettait, au moyen d'une ouverture étroite, de puiser avec un vase l'eau du sacrement ; cette mutation dans le rit conduisit à resserrer la cuve et à la réduire au point où nous la voyons de nos jours.

L'architecture des baptistères, en harmonie avec la décoration des basiliques, fut soumise aux mêmes conditions. Dans les grandes villes où les édifices païens présentaient de riches matériaux, ces monuments furent décorés avec leurs dépouilles : les colonnes en marbre, les portes de bronze, les pavés en porphyre s'allièrent aux mosaïques et à la peinture ; dans les villes secondaires, les murailles nues furent élevées jusqu'à une hauteur suffisante, sans autre décoration que les fenêtres qui éclairaient l'édifice ; une simple charpente couvrit ces baptistères isolés. Dans le moyen âge, on leur appliqua les perfectionnements apportés dans l'art ; ils furent soumis à tous les styles d'architecture qui se succédèrent en Europe.

— CONSTRUCTIONS RELIGIEUSES. — ÉGLISES. —

DEUXIÈME SYSTÈME. — STYLE BYZANTIN.

CONSTRUCTIONS RELIGIEUSES.

PLANS.

Au commencement des *Instructions relatives à l'Architecture chrétienne*, il est dit que toutes les églises ne furent pas construites sur un plan allongé, divisé en galeries parallèles; en Orient, plus particulièrement, on adopta la forme carrée, circulaire ou en polygone; les nombreux exemples mentionnés par Eusèbe et d'autres

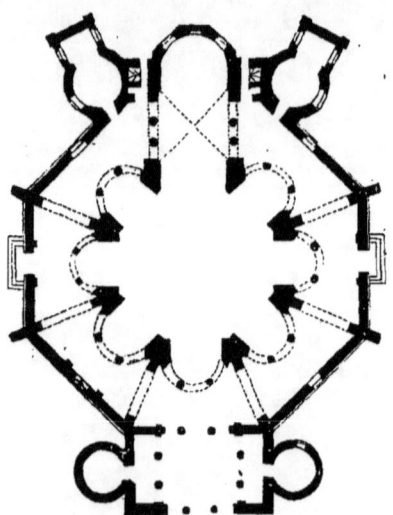

Plan de l'église de Saint-Vital à Ravenne [1].

auteurs, ses contemporains, nous démontrent qu'à Constantinople, à Antioche, à Jérusalem et dans d'autres contrées, ces dispositions furent presque les seules en usage : les temples étaient tous surmontés d'une voûte en coupole, ce qui les distinguait encore des édifices latins, généralement couverts en charpente, lors même que leur forme était circulaire.

C'est avec ces éléments orientaux qu'Isidore de Milet et Anthémius de Tralles, chargés par Justinien de construire l'église de Sainte-Sophie à Constantinople, disposèrent ce temple, qu'on peut considérer comme la base d'un système d'architec-

---

[1] Extrait de *l'Art Monumental*, par M. L. Batissier, ainsi que le plan de Sainte-Sophie placé à la page suivante.

ture chrétienne nommée *byzantine*, qui se répandit dans toute l'étendue de l'Empire oriental, pénétra en Italie, en Allemagne et en France. Quelques exemples de cette importation sont conservés sur notre sol ; il est nécessaire de faire connaître ce système à MM. les correspondants, pour qu'ils puissent, non-seulement étudier les monuments qui ont été déjà signalés, mais afin que, dans les lieux non explorés, ils reconnaissent ceux qui auraient échappé aux investigations.

Le plan de Sainte-Sophie est carré. Deux porches étroits et très-allongés occupent, l'un devant l'autre, toute la face de l'édifice. La grande nef principale forme une croix grecque en se liant à deux parties latérales, carrées elles-mêmes, et qui sont séparées par des colonnes ; quatre salles irrégulières occupent les angles du plan ; d'énormes piliers, destinés à supporter les coupoles, forment les angles rentrants de la croix ; de nombreux escaliers, voisins de ces piliers et dont l'accès est extérieur, permettent d'arriver à la galerie du premier étage, consacrée aux femmes. Une large abside occupe le fond de la nef principale pour former le sanctuaire ; des portiques et des cours sacrées entourent l'édifice.

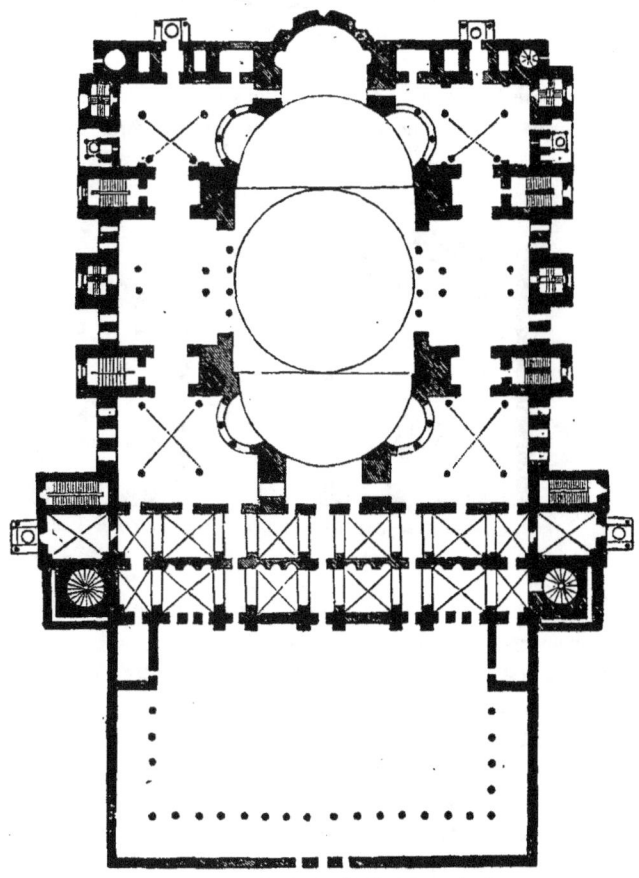

Plan de l'église dédiée à sainte Sophie, à Constantinople.

Ce plan, qui servit de base au système byzantin, fut imité dans des proportions

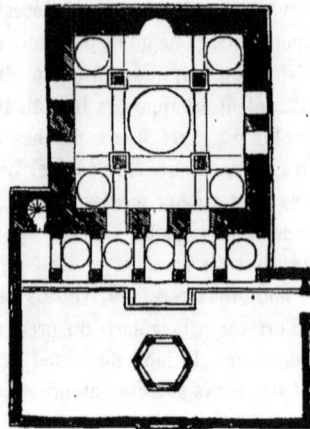

Plan de l'église de Navarin (Grèce).

plus ou moins grandes, avec des modifications en rapport avec les ressources des villes qui élevaient des basiliques. C'est aussi sous cette forme qu'il fut reproduit en France.

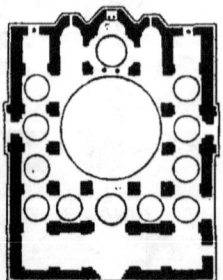 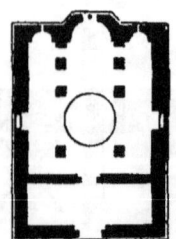

Plan de la *Panagia Nicodimo*, à Athènes. Plan du *Catholicon* à Athènes.

MM. les correspondants devront examiner si l'édifice chrétien qu'ils étudieront présente quelques-uns de ces éléments byzantins :

1° Si le plan est une croix grecque, c'est-à-dire à quatre branches égales ;

2° Si cette croix est comprise ou non dans un carré ;

3° Si de gros piliers, destinés à porter les coupoles, séparent les nefs de l'édifice, et dans le cas où le monument serait en ruine et n'aurait conservé pour ainsi dire que son plan, on examinera si des escaliers peuvent faire supposer un premier étage, ou des facilités pour arriver sur les voûtes ou terrasses supérieures.

Le porche qui précède le temple, les enceintes sacrées qui l'entourent, seront étudiés comme dans le style latin ; le plan en sera levé à la boussole et dessiné avec soin.

EXTÉRIEUR DES ÉGLISES.

FAÇADES.

La construction byzantine offre des caractères particuliers dont la description doit précéder celle des façades. Les briques placées en lignes horizontales, et déjà reconnues dans les murailles des premiers âges chrétiens, se reproduisent dans celles qui sont d'origine orientale, et, de plus, on y trouve l'emploi fréquent de lignes verticales en brique, de sorte que les pierres ou moellons bien appareillés sont encadrés pour la plupart dans de la terre cuite. La décoration se développe plus encore par les combinaisons que peuvent former des tuiles rondes ou légèrement courbées, des angles en forme de *gamma*, et d'autres figures de ce genre.

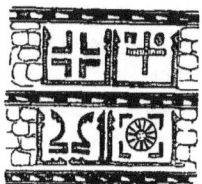

Détail de construction de la *Panagia Nicodimo*, à Athènes.

Après ce caractère non équivoque, les façades en offriront d'autres aussi importants à signaler à MM. les correspondants. Généralement, aucune pente ne les surmonte de manière à indiquer l'inclinaison d'un toit : le sommet offre donc une ligne horizontale.

Une coupole centrale surmonte la façade ; si le temple est vaste, des coupoles plus

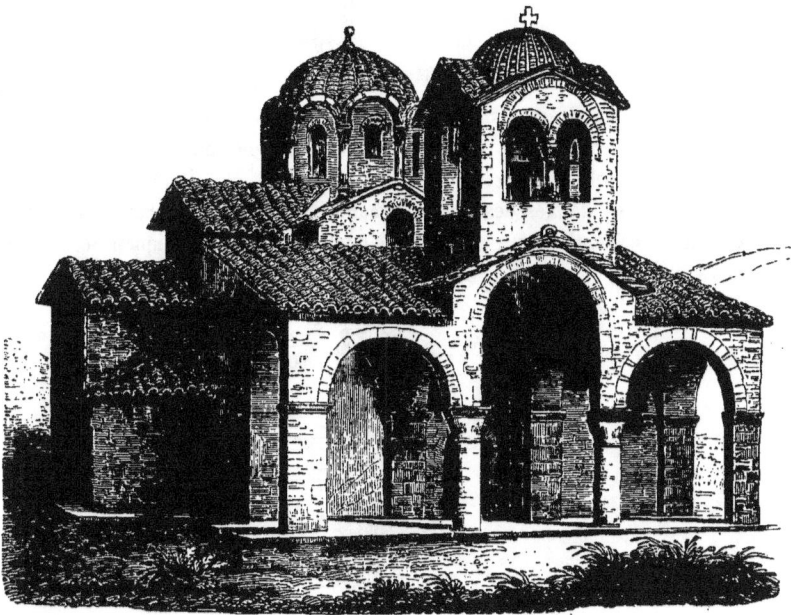

Vue perspective de l'église de Samari (Grèce [1]).

[1] Cette gravure est empruntée à *l'Art Monumental* de M. L. Batissier.

basses occupent tous les angles à la rencontre des galeries intérieures que forment le porche et les nefs latérales de l'édifice. Les grandes coupoles, portées par un tambour cylindrique ou placées simplement sur les terrasses qui surmontent l'édifice, sont percées de nombreuses ouvertures cintrées, ou petites fenêtres destinées à donner du jour à la voûte sphérique et à l'édifice.

Les tuiles sont plates comme celles des Romains, et liées par des imbrices ; elles peuvent être creusées, comme celles qu'on fabrique aujourd'hui dans le midi de la France ; plus souvent des lames de plomb couvrent les coupoles.

Une suite de fenêtres ou de petites arcades indique à l'extérieur la galerie qui est ménagée au premier étage dans la plupart des temples byzantins. Cette disposition a été copiée dans l'architecture romane et dans le style ogival. Les arcs cintrés des fenêtres sont formés de briques seules ou alternées avec du moellon.

Les portes sont généralement encadrées par trois morceaux de marbre ou de pierre faisant un chambranle ; un arc en plein cintre les surmonte pour former une décharge au-dessus du linteau.

Les moulures qui accompagnent les portes byzantines ont une physionomie spéciale et différente de celles des Latins : saillantes et arrondies, elles sont séparées par des lignes profondément refouillées. Ces profils très-accentués servirent de base

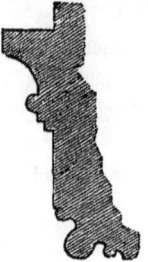

Moulure de porte (Μονή της χορας), à Constantinople.

au système d'encadrements épais et riches qui se multiplièrent dans l'architecture romane, et prirent un si beau caractère sous l'influence du système ogival, si improprement appelé *gothique*.

Les façades latérales des églises byzantines offrent une grande analogie avec celles de l'Occident : on y reconnaît quelquefois un pignon indiquant les croisées ou transsepts.

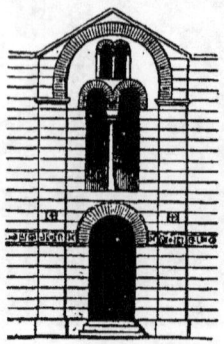

Transsept de l'église de la *Panagía Nicodimo*, à Athènes.

Une ouverture occupe le milieu de ce pignon; elle est simple et cintrée, quelquefois géminée, c'est-à-dire divisée au milieu par une colonnette ou un pilastre. Dans ce cas, il y a deux cintres au lieu d'un; la retombée commune est le chapiteau de la colonnette.

ABSIDE.

La façade postérieure, horizontale au sommet, est décorée d'une ou de trois absides qui sont en tours rondes ou à pans coupés [1]; un ou plusieurs étages de niches les décorent; elles occupent la place des fenêtres, qui, dans le style roman, s'ouvrirent autour du sanctuaire.

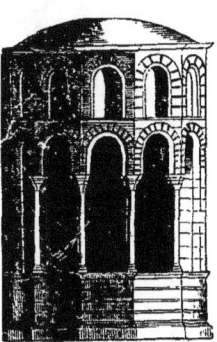

Abside de l'église de *Théotocos* à Constantinople.

Ces niches, semi-circulaires et couronnées par une demi-coupole, sont ornées de compartiments en briques mêlés à la construction. Quelques absides byzantines sont percées de trois fenêtres simples ou géminées [2]; si leur plan est en polygone, les fenêtres peuvent être portées par de petites colonnes placées sur chacun des angles saillants. En général, les formes des édifices sont cubiques; les coupoles et les absides rompent seules la simplicité des formes.

INTÉRIEUR DES ÉGLISES.

PORCHE ou *NARTHEX*.

Le porche des basiliques byzantines est toujours voûté à l'intérieur, et quelquefois surmonté de coupoles [3]. Le bois ne paraît jamais dans cette architecture, différente en cela de celle qui a été décrite précédemment. Développé sur un plan étroit et très-allongé, le porche, qui est décoré de peintures ou de mosaïques, occupe

---

[1] Voyez le plan de Sainte-Sophie à Constantinople (page 68), et ceux de la *Panagia Nicodimo* et du *Catholicon* (ancienne cathédrale), à Athènes (page 69).

[2] Voyez les deux plans que nous donnons à la page 69 et celui de Saint-Vital, p. 67.

[3] Voir le plan de l'église de Navarin, placé à la page 69.

toute la largeur de l'édifice ; il donne accès au temple par une ou plusieurs portes semblables à celles qui ornent la façade extérieure. Les cintres, qui surmontent ces portes pour décharger le chambranle du poids de la construction placée au-dessus, sont quelquefois en fer à cheval au lieu de présenter seulement un demi-cercle.

On a, dans certains cas, facilité la circulation de l'air entre le porche et les nefs par des fenêtres dont l'appui est une grande tablette de marbre décorée de sculpture.

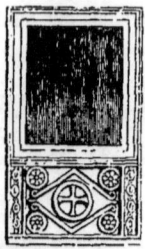

Fenêtre du *Théotocos*, à Constantinople.

NEFS.

Une ou plusieurs coupoles surmontent les nefs et forment la couverture ; elles se distribuent ordinairement comme il suit :

1° Coupole principale au centre de la croix ; elle est indispensable au style byzantin ;

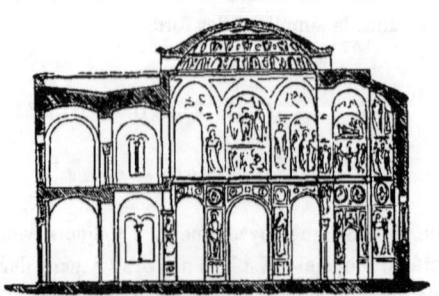

Coupe longitudinale de la *Panagia Nicodimo* à Athènes.

2° Coupoles sur les deux transsepts : elles sont ordinairement moins élevées que celle du milieu ;

3° Coupole sur la partie antérieure de la nef principale ;

4° Coupole sur le sanctuaire. L'édifice peut être dépourvu de quelques-unes de ces voûtes sphériques, qui sont remplacées alors par des voûtes d'arête.

Dans les bas-côtés du temple, les quatre angles du plan sont les points où les voûtes sont le plus communément placées ; enfin, comme dernier développement de ce caractère byzantin, on peut en rencontrer à toutes les travées.

Les coupoles sont décorées de peintures ou de mosaïques ; elles s'éclairent par un grand nombre de petites fenêtres qui forment une galerie lumineuse à la base des voûtes.

Portée sur quatre piliers épais disposés en carré, toute calotte sphérique est soutenue en l'air par des constructions secondaires, formant un encorbellement dont la forme est variable et dont le but est de racheter les angles du plan carré de chaque travée, pour le relier à la base circulaire de la coupole. On a donné à cette disposition le nom de *pendentif*. Inconnu aux anciens, le pendentif, d'invention byzantine, peut être :

1° Uni ; il forme alors un plan gauche à double courbure ;

2° Creux comme le sommet d'une niche, avec cette différence que la courbe est une portion du cône ;

3° Multiple, c'est-à-dire formé par un grand nombre de petites voûtes en encorbellement les unes au-dessous des autres ; c'est ainsi que les Arabes font leurs pendentifs : l'architecture romane en offre quelques imitations.

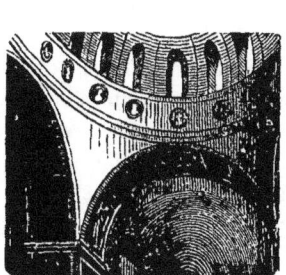
Pendentif d'une église en Morée.
(1er système.)

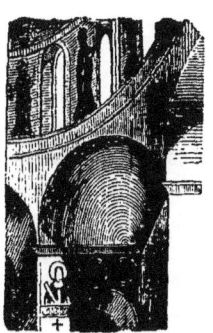
Pendentif de la *Panagia Nicodimo* à Athènes.
(2e système.)

Au-dessous des coupoles, de grands arcs en plein cintre relient deux à deux les piliers qui séparent les travées, c'est au sommet de ces arcs que sont tangents les grands cercles des voûtes en demi-sphère.

Les piliers et les pendentifs sont incrustés de mosaïques ou décorés de peintures, selon l'importance du monument ; des marbres, plaqués ou figurés au pinceau, occupent les parties basses des pieds-droits isolés, ainsi que des murs latéraux de l'édifice.

Dans les églises de petite dimension, les piliers qui soutiennent les coupoles sont remplacés par des colonnes en marbre, ce qui deviendrait impraticable lorsqu'il s'agit de supporter une voûte d'un grand diamètre.

AMEUBLEMENT DES ÉGLISES.

AUTEL ET CIBOIRE.

L'autel des Grecs est un cube et quelquefois un cylindre en pierre ou en marbre ; il n'est point surmonté d'un gradin comme l'autel des Latins ; les flambeaux se placent isolément aux quatre angles. Sur les faces verticales, décorées d'une riche étoffe drapée à larges plis, on figure, par des broderies d'or et d'argent, la croix grecque et les *gammadæ*, emblèmes de la Trinité.

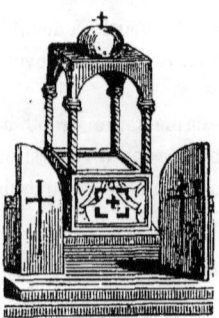

Ciborium d'après le manuscrit grec de *Jacobus Monachus*.

Le ciboire byzantin, porté par quatre colonnes qui s'élèvent aux angles de l'autel, a quelquefois la forme d'une coupole ; il est surmonté d'une portion de sphère, comme dans le dessin ci-joint, lorsque ses faces, disposées verticalement, sont percées de quatre petits arcs.

En avant de l'autel est une clôture sacrée dans laquelle s'ouvrent les portes saintes ; un rideau qui, dans le cours des cérémonies, se tire et se ferme à plusieurs reprises, pour masquer ou laisser voir le sanctuaire, surmonte les portes, et s'harmonise avec elles par la richesse des broderies et des peintures qui le décorent.

DÉTAILS D'ARCHITECTURE.

CHAPITEAUX. — BASES. — MOULURES, ETC.

Les chrétiens d'Orient, suivant la même marche que leurs frères d'Occident, s'emparèrent d'abord de tous les fragments d'architecture antique que pouvaient leur offrir les édifices de la Grèce ou de l'Asie-Mineure ; aussi trouve-t-on dans les basiliques byzantines de nombreuses colonnes de marbre, des chapiteaux grecs ou romains, des fragments d'architraves et de corniches dans lesquels on reconnait facilement le ciseau d'Éphèse ou d'Athènes. Mais, lorsque ces détails vinrent à manquer et qu'il fallut créer, les artistes de Byzance durent harmoniser les formes soumises à leur caprice avec les masses pesantes de leurs basiliques. On ébrancha le beau chapiteau de Corinthe, sa corbeille élégante devint une masse presque cubique, ornée seulement de feuillages aigus et peu saillants; la mosaïque et la peinture décorèrent aussi les faces planes de ces chapiteaux.

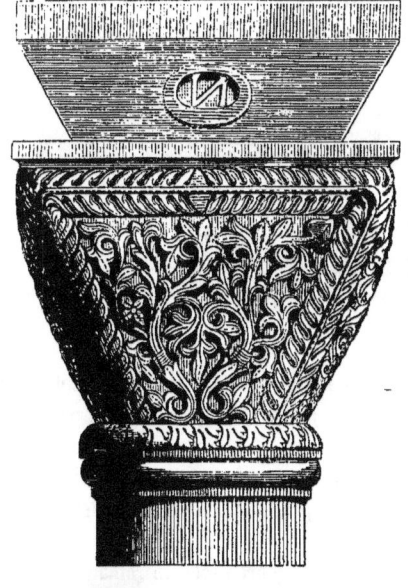
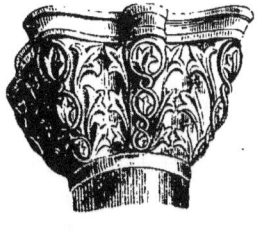
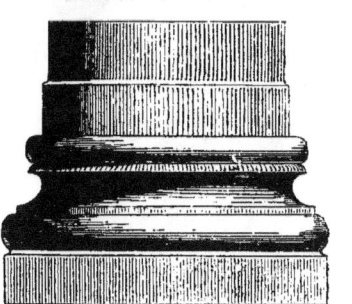
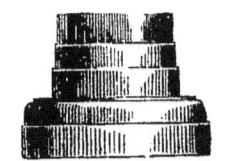

Chapiteau de l'église de St-Vital, à Ravenne. — Chapiteau du *Théotocos*, à Constantinople.

Ces formes nouvelles, qui eurent du succès en Occident, pénétrèrent par l'Illyrie, l'Italie, les bords du Rhin, et, par la Normandie, passèrent jusqu'en Angleterre. Telle paraît être l'origine des chapiteaux cubiques si communs au XIe siècle, et qui sont un des éléments byzantins introduits dans l'architecture romane.

Les moulures de couronnement eurent le même sort; elles furent simplifiées dans l'architecture byzantine au point de n'offrir plus que des champs lisses plus ou moins inclinés en biseau; la sculpture, la peinture ou la mosaïque les enrichirent, en rappelant en quelque façon les ornements antiques.

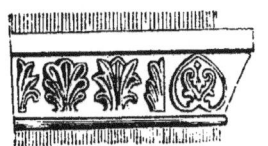

Moulures à la *Panagia Nicodimo*, à Athènes.

La sculpture d'ornement des Byzantins est large et pesante, riche en perles, en galons contournés et décorés de pierreries. Si le sculpteur a représenté des rinceaux ou des feuillages isolés, les extrémités sont aiguës, les arêtes vives, les feuilles profondément exprimées par des angles rentrants, les côtes et les branches découpées en chapelets de perles.

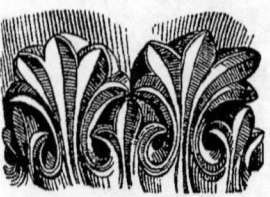

Feuillage. — Détail de sculpture.

Les nombreux artistes grecs qui, dans le moyen âge, se répandirent dans l'empire occidental, transmirent au style roman les principes de cette ornementation, comme ils y avaient introduit plus d'une forme de leur architecture. Ces nuances sont délicates et assez difficiles à reconnaître ; nous avons indiqué leur origine, les principes sur lesquels elles sont établies : la pratique seule peut apprendre à les distinguer.

On examinera, dans les chapitres suivants, l'architecture romane, qui offre une alliance des deux styles qui précèdent. Elle sera étudiée avec plus de détails, parce que les monuments élevés dans ce système sont très-multipliés en France, et que ses formes variées, qui s'éloignent de plus en plus de l'antiquité, demandent une terminologie nouvelle.

EXTRAIT DU CATALOGUE

DE LA LIBRAIRIE D'ARCHITECTURE ET D'ARCHÉOLOGIE

DE CH. BAUDRY, RUE DES PETITS-AUGUSTINS, 5; PRÈS L'ÉCOLE DES BEAUX-ARTS.

ADHÉMAR. Traité de la coupe des pierres, 1 vol. in-8, avec atlas..................... 25 »
— Traité de perspective, 1 vol. in-8 et atlas..... 20 »
— Traité des ombres, 1 vol. in-8 et atlas...... 15 »
— Géométrie descriptive, 1 vol. in-8 et atlas.. 25 »
D'AGINCOURT (Seroux). Histoire de l'art par les monuments depuis sa décadence au IVe siècle jusqu'à son renouvellement au XVIe siècle, 6 vol. in-folio, 325 planches......... 300 »
AMAURY DUVAL. Fontaines de Paris, 1 v. in-folio, 84 pl. avec texte................. 40 »
ASSELINEAU. Meubles et armures du Moyen Age et de la Renaissance, 20 liv., prix de la liv. 6 »
ARNAUD. Voyage archéologique dans l'ancien diocèse de Troyes, 1 vol. in-4............. 50 »
BALTARD. Architectonographie des prisons, 1 vol. in-folio, 37 pl................ 30 »
— Paris et ses monuments, 2 volumes in-folio (le Louvre, Fontainebleau, Ecouen)....... 200 »
— Vues des monuments antiques et fabriques de Rome, 1 vol. in-4, 48 planches avec texte..... 30 »
BLONDEL et LUSSON. Marché St-Germain, plans, coupes, élévations, in-folio, 11 pl., texte. 10 »
BOITARD. Art de composer et de décorer les jardins, 1 vol. in-4, 162 pl.............. 25 »
BOUCHET. La Villa Pia des jardins du Vatican, 1 vol. in-folio, 24 pl................. 35 »
BRITTON'S. Cathedrals of England, plans, coupes et élévations, 14 livraisons......... 420 »
BRUYÈRE. Études relatives à l'art des constructions : ponts en pierre, greniers publics, halles aux grains, ponts en fer, foires et marchés, navigation, abattoirs, portes d'écluses, combles, cintres et autres constructions, petites maisons de ville et de campagne, tuiles antiques et modernes, lazarets, etc., 12 recueils in-fol. 196 pl. 120 »
BULLET. Architecture pratique, 2 vol. ; 2e édition augmentée, accompagnée de notes par Jay................................. 8 »
BATISSIER. Art Monumental précédé d'une histoire de la peinture sur verre, 1 vol. in-8º. 20 »
BOURASSÉ. Archéologie chrétienne, ou éléments d'histoire de l'architecture. 1842.1 v. in-18 3 »
CAUMONT (de). Histoire sommaire de l'architecture religieuse, civile et militaire au Moyen Age 1 vol. in-8 avec atlas in-4............. 45 »

COURS D'ANTIQUITÉS monumentales, 6 vol. in-8 et 6 atlas in-4 contenant 120 pl. formant 5 parties........................ 72 »
CHAPUY. Moyen Age pittoresque, monuments, armures, meubles, etc., du Xe au XVIIe siècle. 180 pl. 5 vol. in-folio............... 200 »
CLERGET. Mélanges d'ornements divers, 72 pl. in-fol........................... 60 »
CONTANT. Parallèle des principaux théâtres modernes de l'Europe, 1 vol. in-folio, texte, 120 planches........................ 120 »
COSTE. Architecture arabe, 66 pl. in-folio... 180 »
COUCHAUD. Églises Byzantines, 42 pl. in-4. 30 »
DELAQUERIÈRE. Description des maisons de Rouen les plus remarquables par leur décoration extérieure et par leur ancienneté, 2 vol. in-8................................. 46 »
DESGODETS. Édifices antiques de Rome, 1 vol. in-folio....................... 75 »
DUCERCEAU (Androuet). Les plus excellents Bâtiments de France, plans, coupes, façades des principaux châteaux, 2 vol. in-fol..
— Temples, églises et divers monuments de Rome, 1 vol. in-8 oblong................
— Arcs de triomphe, 24 pl. in-4............
— Livre d'architecture, plans et dessins de 50 bâtiments de ville et de campagne, 2 vol. in-fol. 1559.
— Cheminées, portes, fenêtres, puits et tombeaux, 1 vol. in-folio.
DURAND. Parallèle des édifices, grand in-fol. 92 planches........................ 180 »
ECK. Traité de constructions en poteries et fer à l'usage des constructions industrielles et militaires, 1 vol. in-folio................ 80 »
EMY. Traité de charpente, 2 vol. in-4 et atlas.. 95 »
FAMIN et GRAND-JEAN. Architecture toscane, 1 vol. in-fol., 109 planches avec texte. 72 »
GAILHABAUD. Monuments anciens et modernes. Collection formant une histoire de l'architecture des différents peuples à toutes les époques, 200 livraisons; chaque............ 1 50
GAUTHIER. Les plus beaux Édifices de Gênes, 2 vol. in-folio, 180 pl. et texte explicatif..... 180 »
GOURLIER, BIET, GRILLON et TARDIEU. Choix d'édifices publics construits ou

projetés en France, extraits des archives du conseil des bâtiments, 2 vol. in-fol.. . . . . 25 »

GRAFFENRIED et **STURLER**. Architecture suisse, ou choix de maisons rustiques des Alpes du canton de Berne, 1 vol grand in-folio. . . . . 80 »

GUÉNEBAULT. Dictionnaire iconographique des monuments de l'antiquité chrétienne et du Moyen Age, 2 vol. in-8. . . . . 25 »

HEILDELOFF. Ornements du Moyen Age pris sur les principaux monuments de l'Allemagne; la livraison de 8 pl. gravées et texte. . . . . 8 »

HITTORFF et **ZANTH**. Architecture antique de la Sicile, 1 vol. in-fol. . . . . 50 »

HOPE. Hist. de l'architecture, 2 vol. in-8, 97 pl. 30 »

HOREAU. Panorama de l'Égypte et de la Nubie, 1 vol. in-folio. . . . . 180 »

HOYEAU. Art du Serrurier, 1 vol. in-folio, 72 planches représentant plus de 400 sujets avec texte. . . . . 50 »

ISABELLE. Édifices circulaires et des dômes, 20 livraisons in-folio. 200 »

LANGLOIS. Essai historique et descriptif sur la peinture sur verre ancienne et moderne, 1 vol. avec 7 planches. . . . . 12 »

LASTEYRIE (DE). Histoire de la peinture sur verre d'après les monuments de France, depuis le XIIe siècle jusqu'à nos jours. Prix de chaque livraison in-folio. . . . . 26 »

LETAROUILLY. Édifices de Rome moderne, 1 vol. in-folio. . . . . 120 »

— Plan de Rome moderne avec l'indication des monuments antiques. 9 »

MALLAY. Essai sur les églises romanes du département du Puy-de-Dôme, 1 vol. in-folio. . . 40 »

MARTIN et **CAHIER**. Monographie de la cathédrale de Bourges, vitraux peints de Strasbourg, Troyes, Rouen, du XIIIe siècle. . . . . . 400 »

MAZOIS. Ruines de Pompeï, 3 vol. in-fol. . . . 600 »

MORISOT. Tableaux détaillés de tous les ouvrages de bâtiments. 7 vol. in-8. . . . . 60 »

NORMAND (CH.). Paris moderne : choix de maisons construites dans les nouveaux quartiers. 320 pl., 2 vol. in-4. . . . . 120 »

— Monuments funéraires choisis dans les cimetières de Paris et de France, 2 vol. in-folio. . . 60 »

PALLADIO. Œuvres complètes; nouvelle édition contenant les quatre livres du Traité des Thermes, 4 vol. avec texte in-fol. . . . . 250 »

— Édition de 1650, gravures sur bois, 1 vol. in-4. 50 »

PERCIER et **FONTAINE**. Choix des maisons de Rome. 1 vol. grand in-folio, 77 pl. et texte . . . . 50 »

PERRIER. Bas-reliefs antiques dessinés et gravés à Rome, 1 vol. in-folio, 50 pl. . . . . 20 »

PERRIN. Code des constructions et de la contiguité, ou législation des bâtiments et constructions, des servitudes et du voisinage, mise en rapport avec la loi du 25 mai 1838, et de la loi d'expropriation pour utilité publique. 1 v. in-8. 9 »

MANDAR. Études d'architecture civile, ou plans, élévations, coupes et détails, pour élever, distribuer et décorer une maison et ses dépendances, suivis des devis et marchés, 1 vol. in folio, 122 pl. et texte. . . . . 60 »

MOREL. Prix de base et de règlement des travaux de bâtiments, édition de 4. . . . . 10 »

PIRANESI. Œuvres complètes avec texte, 100 livraisons à 20 fr. chaque. . . . . 2000 »

PHILIBERT DE LORME Œuvres d'architecture divisées en 10 livres in-folio, 1648. 50 »

PUGIN'S EXAMPLES of gothic architecture selected from ancient edifices in England. 3 vol. in-4, 125 pl. . . . . 220 »

— Antiquities of Normandy, 80 pl. in-4, contenant plans, élévations et coupes des principaux monuments de la Normandie. . . . . 100 »

QUATREMÈRE DE QUINCY. Dictionn. d'architecture, avec des notions historiques, descriptives, archéologiques, biographiques, théoriques de cet art. 50 »

RAMÉE (DANIEL). Histoire de l'architecture, avec gravures dans le texte, 2 vol. in-12. . . . 10 50

RENARD. Vignole centésimal, ou les règles des cinq ordres d'architecture, établis sur une division du module en harmonie avec le système actuel de mesures, 1 vol. . . . . 8 »

— Parallèle des ordres d'architecture et de leurs principales applications suivant les anciens maitres; 5 livraisons parues, chaque. . . . . 2 »

ROHAUT. Muséum d'Histoire naturelle, plans, coupes, élévations et vues intérieure et extérieure des serres chaudes. 1 vol. demi-colombier, 15 pl. et texte. 30 »

RONDELET. L'Art de bâtir, 10e édition, 5 v. in-4 avec atlas, in-fol. 210 pl. . . . . 125 »

SCAMOZZI (VICENZO). Idea de l'architectura universale. Venezia, 1615, 1 vol. in-4. . . . .

SGANSIN. Résumé d'un cours de constructions avec des applications, 3 vol. in-4 et 180 planches in-folio. . . . . 108 »

STUART et **REWETT**. Antiquités d'Athènes, 4 vol. in-folio. . . . . 200 »

SERLIO (SEBAST). Libri cinque d'architectura. Venez., 1551, in-fol. . . . .

VAUDOYER et **BALTARD**. Grands Prix d'architecture, 3e et 4e vol.; 2 vol. in-folio; chaque vol., 120 planches. . . . . 100 »

VILLEMIN. Monuments français inédits, pour servir à l'histoire des Arts, depuis le VIe siècle jusqu'au commencement du XVIIe. Choix de costumes civils et militaires, d'armes, armures, instruments de musique, meubles de toute espèce, et de décorations intérieures et extérieures des maisons, dessinés, gravés et coloriés d'après les originaux, classés chronologiquement, et accompagnés d'un texte historique et descriptif; par André Pottier, conservateur de la bibliothèque de Rouen. L'ouvrage complet colorié de 302 pl. avec texte. . . . . 618 »

Le même ouvrage non colorié avec texte. . . . . 268 »

VITRUVE. Les dix Livres d'Architecture, corrigés et traduits en français par Perrault, 1684, 1 vol. in-folio. . . . .

On trouve à la même Librairie toutes les éditions françaises et étrangères de Vitruve, tant anciennes que modernes.

VUES, plans, façades, coupes, etc., des principales églises de l'Europe, accompagnés d'une description historique et critique de leur construction; 12 livraisons sont parues. . . . . 150 »

Paris. — Typ. LACRAMPE et Comp., rue Damiette, 2.